SRIMAD BHAGAVAD GITA

Sanskrit Shlokas by Maharishi Vedvyasa
in English Script

By: DivineBharat
Art by: Sujata Saha

ISBN: 978-93-5737-831-4

Publisher: DivineBharat
Email:info.divinebharat@gmail.com
www.divinebharat.co

Index

Preface

Shrimad Bhagavad Gita is a timeless and unparalleled work of spiritual wisdom. It is not merely a dialogue that took place on a historical battlefield, but a profound and practical response to the deepest questions of human life. When life becomes entangled between duty and compassion, relationship and righteousness, emotion and truth, the Gita serves as a guiding light. It does not teach escape, but clarity; not weakness, but courage; not doubt, but steadiness of intellect.

Standing on the battlefield of Kurukshetra, Arjuna is not merely a warrior—he represents every sensitive human being. Before him stand his revered teachers, grandsire, relatives, and loved ones. Dharma is clear, yet his heart trembles. Torn between compassion and duty, his mind falters. It is at this decisive moment that Lord Krishna begins His divine teaching. The Gita begins with sorrow, but concludes in confidence, balance, and inner freedom. In this sense, the Gita is not simply instruction—it is a journey from ignorance to wisdom.

According to traditional belief, the Mahabharata war took place around 3102 BCE, marking the beginning of the present age. Modern scholars place its composition between the 5th and 2nd centuries BCE. While dates may differ, the significance of the Gita remains beyond time.

The Shrimad Bhagavad Gita appears in the Bhishma Parva of the Mahabharata, traditionally attributed to Maharishi Vedavyasa. The sacred dialogue is composed in the Anushtup meter, making it suitable for recitation, listening, and contemplation. The eighteen chapters symbolize the gradual spiritual elevation of human life.

Structure and Form

- Total Chapters: 18
- Traditionally accepted verses: 700
- Each chapter is called a "Yoga"
- Verses composed in Anushtup meter

Some traditions mention minor variations in verse count, yet the widely accepted form consists of seven hundred verses.

Distribution of Speakers

- Lord Krishna – approximately 574 verses
- Arjuna – approximately 84 verses
- Sanjaya – approximately 41 verses
- Dhritarashtra – 1 verse

Thus, the Gita is essentially the divine teaching of Lord Krishna, unfolding in a dialogue of question and response.

Central Purpose of the Teaching

The Gita does not merely encourage battle. Its true purpose is:

- To reveal the authentic nature of dharma
- To clarify the distinction between the soul and the body
- To harmonize action and renunciation
- To cultivate equanimity and discernment
- To free the mind from delusion, fear, and ignorance

Philosophical Foundations of the Gita

Eternity of the Soul: The soul is unborn, indestructible, and eternal; the body is temporary and subject to change.

Selfless Action (Nishkama Karma): One has a right to action, not to its fruits. Action performed without attachment purifies the mind.
Equanimity: Balance in pleasure and pain, gain and loss, victory and defeat is true Yoga.

Knowledge: True knowledge removes delusion and brings clarity to life.

Devotion and Surrender: Freedom from ego and refuge in the Supreme leads to inner peace.

Gist of the Bhagavad Gita

Chapter 1 – Arjuna Vishada Yoga
The Yoga of Arjuna's Despair

The Gita begins on the battlefield of Kurukshetra. As the armies stand ready, Arjuna is overwhelmed with grief and moral confusion. Seeing his teachers, relatives, and friends on both sides, he loses the will to fight. His sorrow represents the human condition—when attachment clouds judgment. This crisis becomes the doorway to divine wisdom.

Chapter 2 – Sankhya Yoga
The Yoga of Knowledge

Lord Krishna begins His teaching. He explains that the soul (Atman) is eternal, unborn, and indestructible, while the body is temporary. Therefore, wise people do not grieve for life or death. Krishna introduces Karma Yoga—acting without attachment to results—and describes the qualities of a person of steady wisdom (Sthitaprajna).

Chapter 3 – Karma Yoga
The Yoga of Selfless Action

Krishna teaches that no one can remain inactive. Action is unavoidable. The key is to perform one's duty without selfish desire and dedicate all actions to the Divine. Selfless action purifies the mind and leads toward spiritual realization. Desire and anger are identified as the main obstacles to wisdom.

Chapter 4 – Jnana Karma Sanyasa Yoga
The Yoga of Knowledge and Renunciation

Krishna reveals that this eternal wisdom has been taught since ancient times. Whenever righteousness declines, the Divine manifests to restore balance. True renunciation is not abandoning action but performing action with knowledge and detachment. Knowledge burns past karma and liberates the soul.

Chapter 5 – Karma Sanyasa Yoga
The Yoga of Renunciation

Both renunciation and selfless action lead to liberation, but selfless action is easier for most people. One who acts without attachment remains inwardly free. Such a person sees the same Divine presence in all beings and remains peaceful amidst life's dualities.

Chapter 6 – Dhyana Yoga
The Yoga of Meditation

Krishna explains the discipline of meditation. A true yogi controls the mind, lives moderately, and remains balanced in success and failure. Through steady practice and detachment, the mind becomes calm. The highest yogi is one who constantly remembers and loves the Divine.

Chapter 7 – Jnana Vijnana Yoga
The Yoga of Knowledge and Realization

Krishna reveals His divine nature as the source of all creation—both material and spiritual. Everything rests in Him. Yet, He remains beyond all. Four types of devotees approach Him, but the one who seeks knowledge of the Divine Truth is most dear.

Chapter 8 – Akshara Brahma Yoga
The Yoga of the Imperishable Absolute

This chapter explains remembrance of the Divine at the time of death. Whatever one remembers at life's end determines one's future state. Therefore, one should remember the Divine always. The Supreme Reality is eternal and beyond birth and death.

Chapter 9 – Raja Vidya Raja Guhya Yoga
The Yoga of Royal Knowledge and Secret

Krishna describes devotion as the highest and most sacred path. Though He pervades the universe, He remains unattached. Even the simplest offering made with pure devotion is accepted. Loving surrender leads directly to liberation.

Chapter 10 – Vibhuti Yoga
The Yoga of Divine Glories

Krishna describes His divine manifestations throughout creation. All beauty, power, brilliance, and greatness arise from a fraction of His splendor. Recognizing the Divine in everything deepens devotion and expands awareness.

Chapter 11 – Vishvarupa Darshana Yoga
The Yoga of the Universal Vision

Krishna grants Arjuna divine vision to behold His cosmic form. Arjuna sees the entire universe within the Divine—creation, preservation, and destruction. Awed and humbled, he understands that all events unfold according to the Supreme Will.

Chapter 12 – Bhakti Yoga
The Yoga of Devotion

Krishna explains that devotion to the personal Divine form is easier for most seekers than meditation on the formless Absolute. He lists the qualities of a true devotee—humility, compassion, equanimity, and unwavering faith.

Chapter 13 – Kshetra Kshetragna Vibhaga Yoga
The Yoga of the Field and the Knower

The body is described as the "field" (Kshetra), and the soul as the "knower of the field" (Kshetragna). True knowledge lies in understanding the difference between the temporary body and the eternal Self. Recognizing this leads to liberation.

Chapter 14 – Gunatraya Vibhaga Yoga
The Yoga of the Three Gunas

Nature operates through three qualities: Sattva (purity), Rajas (activity), and Tamas (inertia). These bind the soul to worldly existence. By transcending these three gunas through wisdom and devotion, one attains spiritual freedom.

Chapter 15 – Purushottama Yoga
The Yoga of the Supreme Person

The material world is compared to an upside-down tree rooted in the Divine. Cutting attachment with the sword of detachment leads to realization of the Supreme Person. The Divine is both the inner Self and the ultimate Reality beyond all.

Chapter 16 – Daivasura Sampad Vibhaga Yoga
The Yoga of Divine and Demonic Qualities

Divine qualities such as fearlessness, purity, and compassion lead toward liberation. Demonic qualities such as pride, anger, and greed lead to bondage. Krishna emphasizes self-discipline and alignment with righteous principles.

Chapter 17 – Shraddhatraya Vibhaga Yoga
The Yoga of Threefold Faith

Faith varies according to one's inner nature—Sattvic, Rajasic, or Tamasic. Food, worship, austerity, and charity also reflect these qualities. Actions performed with pure faith uplift the soul.

Chapter 18 – Moksha Sanyasa Yoga
The Yoga of Liberation and Renunciation

Krishna summarizes the entire teaching. True renunciation lies in surrendering the fruits of action. By performing one's duty with devotion and knowledge, one transcends ignorance. The Gita concludes with the call to surrender completely to the Divine and act with clarity and courage.

This sacred text is not meant only for spiritual practice, but for every aspect of life. It transforms confusion into clarity, fear into courage, and action into sacred discipline. It offers inner balance, patience, and self-awareness. The Shrimad Bhagavad Gita is an ocean of wisdom. Each verse is a source of reflection, discipline, and self-elevation. When recited with understanding and devotion, it becomes not merely spoken words, but refinement of consciousness itself. One who internalizes its message becomes steady in duty, clear in intellect, pure in heart, and inwardly free. This is the eternal message of the Gita.

This book humbly presents all the Sanskrit shlokas in a compact chanting format, rendered in English script without translation or commentary. It is designed for daily recitation, memorization, and devotional practice. Easy to carry and convenient for regular use, this edition allows seekers to engage directly with the sacred verses in their pure form. It is our sincere hope that this compilation serves as a source of inspiration, peace, and spiritual upliftment for all readers.

Chapter 1

Atha Prathamo'dhyāyaḥ
Arjuna-viṣāda-yogaḥ (47 Ślokāḥ)

dhṛtarāṣṭra uvāca
dharmakṣetre kurukṣetre
samavetā yuyutsavaḥ
māmakāḥ pāṇḍavāś caiva
kim akurvata sañjaya 1-1

sañjaya uvāca
dṛṣṭvā tu pāṇḍavānīkaṃ
vyūḍhaṃ duryodhanas tadā
ācāryam upasaṅgamya
rājā vacanam abravīt 1-2

paśyaitāṃ pāṇḍuputrāṇām ācārya
mahatīṃ camūm
vyūḍhāṃ drupadaputreṇa
tava śiṣyeṇa dhīmatā 1-3

atra śūrā maheṣvāsā
bhīmārjunasamā yudhi
yuyudhāno virāṭaś ca
drupadaś ca mahārathaḥ 1-4

dhṛṣṭaketuś cekitānaḥ
kāśirājaś ca vīryavān
purujit kuntibhojaś ca
śaibyaś ca narapuṅgavaḥ 1-5

yudhāmanyuś ca vikrānta
uttamaujāś ca vīryavān
saubhadro draupadeyāś ca
sarva eva mahārathāḥ 1-6

asmākaṃ tu viśiṣṭā ye
tān nibodha dvijottama
nāyakā mama sainyasya
saṃjñārthaṃ tān bravīmi te 1-7

bhavān bhīṣmaś ca karṇaś ca
kṛpaś ca samitiñjayaḥ
aśvatthāmā vikarṇaś ca
saumadattis tathaiva ca 1-8

anye ca bahavaḥ śūrā
madarthe tyaktajīvitāḥ
nānāśastrapraharaṇāḥ
sarve yuddhaviśāradāḥ 1-9

aparyāptaṃ tad asmākaṃ
balaṃ bhīṣmābhirakṣitam
paryāptaṃ tv idam eteṣāṃ
balaṃ bhīmābhirakṣitam 1-10

ayaneṣu ca sarveṣu
yathābhāgam avasthitāḥ
bhīṣmam evābhirakṣantu
bhavantaḥ sarva eva hi 1-11

tasya sañjanayan harṣaṃ
kuruvṛddhaḥ pitāmahaḥ
siṃhanādaṃ vinadyoccaiḥ
śaṅkhaṃ dadhmau pratāpavān 1-12

tataḥ śaṅkhāś ca bheryaś ca
paṇavānakagomukhāḥ
sahasaivābhyahanyanta
sa śabdas tumulo 'bhavat 1-13

tataḥ śvetair hayair yukte
mahati syandane sthitau
mādhavaḥ pāṇḍavaś caiva
divyau śaṅkhau pradadhmatuḥ 1-14

pāñcajanyaṃ hṛṣīkeśo
devadattaṃ dhanañjayaḥ
pauṇḍraṃ dadhmau mahāśaṅkhaṃ
bhīmakarmā vṛkodaraḥ 1-15

anantavijayaṃ rājā
kuntīputro yudhiṣṭhiraḥ
nakulaḥ sahadevaś ca
sughoṣamaṇipuṣpakau 1-16

kāśyaś ca parameṣvāsaḥ
śikhaṇḍī ca mahārathaḥ
dhṛṣṭadyumno virāṭaś ca
sātyakiś cāparājitaḥ 1-17

drupado draupadeyāś ca
sarvaśaḥ pṛthivīpate
saubhadraś ca mahābāhuḥ
śaṅkhān dadhmuḥ pṛthak pṛthak 1-18

sa ghoṣo dhārtarāṣṭrāṇāṃ
hṛdayāni vyadārayat
nabhaś ca pṛthivīṃ caiva
tumulo 'bhyanunādayan 1-19

atha vyavasthitān dṛṣṭvā
dhārtarāṣṭrān kapidhvajaḥ
pravṛtte śastrasampāte
dhanur udyamya pāṇḍavaḥ 1-20

hṛṣīkeśaṃ tadā vākyam
idam āha mahīpate
arjuna uvāca
senayor ubhayor madhye
rathaṃ sthāpaya me 'cyuta 1-21

yāvad etān nirīkṣe 'haṃ
yoddhukāmān avasthitān
kair mayā saha yoddhavyam
asmin raṇasamudyame 1-22

yotsyamānān avekṣe 'haṃ
ya ete 'tra samāgatāḥ
dhārtarāṣṭrasya durbuddher
yuddhe priyacikīrṣavaḥ 1-23

sañjaya uvāca
evam ukto hṛṣīkeśo
guḍākeśena bhārata
senayor ubhayor madhye
sthāpayitvā rathottamam 1-24

bhīṣmadroṇapramukhataḥ
sarveṣāṃ ca mahīkṣitām
uvāca pārtha paśyaitān
samavetān kurūn iti 1-25

tatrāpaśyat sthitān pārthaḥ
pitṝn atha pitāmahān
ācāryān mātulān bhrātṝn
putrān pautrān sakhīṃs tathā 1-26

śvaśurān suhṛdaś caiva
senayor ubhayor api
tān samīkṣya sa kaunteyaḥ
sarvān bandhūn avasthitān 1-27

kṛpayā parayāviṣṭo
viṣīdann idam abravīt
arjuna uvāca
dṛṣṭvemaṃ svajanaṃ kṛṣṇa
yuyutsuṃ samupasthitam 1-28

sīdanti mama gātrāṇi
mukhaṃ ca pariśuṣyati
vepathuś ca śarīre me
romaharṣaś ca jāyate 1-29

gāṇḍīvaṃ sraṃsate hastāt
tvak caiva paridahyate
na ca śaknomy avasthātuṃ
bhramatīva ca me manaḥ 1-30

nimittāni ca paśyāmi
viparītāni keśava
na ca śreyo 'nupaśyāmi
hatvā svajanam āhave 1-31

na kāṅkṣe vijayaṃ kṛṣṇa
na ca rājyaṃ sukhāni ca
kiṃ no rājyena govinda
kiṃ bhogair jīvitena vā 1-32

yeṣām arthe kāṅkṣitaṃ
no rājyaṃ bhogāḥ sukhāni ca
ta ime 'vasthitā yuddhe
prāṇāṃs tyaktvā dhanāni ca 1-33

ācāryāḥ pitaraḥ putrās tathaiva
ca pitāmahāḥ
mātulāḥ śvaśurāḥ pautrāḥ
śyālāḥ sambandhinas tathā 1-34

etān na hantum icchāmi
ghnato 'pi madhusūdana
api trailokyarājyasya hetoḥ
kiṃ nu mahīkṛte 1-35

nihatya dhārtarāṣṭrān naḥ
kā prītiḥ syāj janārdana
pāpam evāśrayed asmān
hatvaitān ātatāyinaḥ 1-36

tasmān nārhā vayaṃ hantuṃ
dhārtarāṣṭrān svabāndhavān
svajanaṃ hi kathaṃ hatvā
sukhinaḥ syāma mādhava 1-37

yady apy ete na paśyanti
lobhopahatacetasaḥ
kulakṣayakṛtaṃ doṣaṃ
mitradrohe ca pātakam 1-38

kathaṃ na jñeyam asmābhiḥ
pāpād asmān nivartitum
kulakṣayakṛtaṃ doṣaṃ
prapaśyadbhir janārdana 1-39

kulakṣaye praṇaśyanti
kuladharmāḥ sanātanāḥ
dharme naṣṭe kulaṃ kṛtsnam
adharmo 'bhibhavaty uta 1-40

adharmābhibhavāt kṛṣṇa
praduṣyanti kulastriyaḥ
strīṣu duṣṭāsu vārṣṇeya
jāyate varṇasaṅkaraḥ 1-41

saṅkaro narakāyaiva
kulaghnānāṃ kulasya ca
patanti pitaro hy eṣāṃ
luptapiṇḍodakakriyāḥ 1-42

doṣair etaiḥ kulaghnānāṃ
varṇasaṅkarakārakaiḥ
utsādyante jātidharmāḥ
kuladharmāś ca śāśvatāḥ 1-43

utsannakuladharmāṇāṃ
manuṣyāṇāṃ janārdana
narake niyataṃ vāso
bhavatīty anuśuśruma 1-44

aho bata mahat pāpaṃ
kartuṃ vyavasitā vayam
yad rājyasukhalobhena
hantuṃ svajanam udyatāḥ 1-45

yadi mām apratīkāram aśastram
śastrapāṇayaḥ
dhārtarāṣṭrā raṇe hanyus
tan me kṣemataraṃ bhavet 1-46

sañjaya uvāca
evam uktvārjunaḥ saṅkhye
rathopastha upāviśat
visṛjya saśaraṃ cāpaṃ
śokasaṃvignamānasaḥ 1-47

---

oṃ tat sad iti śrīmad bhagavadgītāsu upaniṣatsu
brahmavidyāyāṃ yogaśāstre śrī-kṛṣṇārjuna-saṃvāde
arjuna-viṣāda-yogo nāma prathamo 'dhyāyaḥ ||

Chapter 2

Atha Dvitīyo'dhyāyaḥ
Sāṅkhya-yogaḥ (72 *Ślokāḥ*)

sañjaya uvāca
taṃ tathā kṛpayāviṣṭam
aśrupūrṇākulekṣaṇam
viṣīdantam idaṃ vākyam uvāca
madhusūdanaḥ 2-1

śrī-bhagavān uvāca
kutas tvā kaśmalam idaṃ
viṣame samupasthitam
anāryajuṣṭam asvargyam
akīrtikaram arjuna 2-2

klaibyaṃ mā sma gamaḥ pārtha
naitat tvayy upapadyate
kṣudraṃ hṛdayadaurbalyaṃ
tyaktvottiṣṭha parantapa 2-3

arjuna uvāca
kathaṃ bhīṣmam ahaṃ saṅkhye
droṇaṃ ca madhusūdana
iṣubhiḥ pratiyotsyāmi
pūjārhāv ari-sūdana 2-4

gurūn ahatvā hi mahānubhāvān
śreyo bhoktuṃ bhaikṣyam apīha loke
hatvārthakāmāṃs tu gurūn ihaiva
bhuñjīya bhogān rudhirapradigdhān 2-5

na caitad vidmaḥ kataran no garīyo
yad vā jayema yadi vā no jayeyuḥ
yān eva hatvā na jijīviṣāmas
te 'vasthitāḥ pramukhe dhārtarāṣṭrāḥ 2-6

kārpaṇyadoṣopahatasvabhāvaḥ
pṛcchāmi tvāṃ dharmasammūḍhacetāḥ
yac chreyaḥ syān niścitaṃ brūhi tan me
śiṣyas te 'haṃ śādhi māṃ tvāṃ prapannam
2-7

na hi prapaśyāmi mamāpanudyād
yac chokam ucchoṣaṇam indriyāṇām
avāpya bhūmāv asapatnam ṛddhaṃ
rājyaṃ surāṇām api cādhipatyam 2-8

sañjaya uvāca
evam uktvā hṛṣīkeśaṃ
guḍākeśaḥ parantapaḥ
na yotsya iti govindam uktvā
tūṣṇīṃ babhūva ha 2-9

tam uvāca hṛṣīkeśaḥ
prahasann iva bhārata
senayor ubhayor madhye
viṣīdantam idaṃ vacaḥ 2-10

śrī-bhagavān uvāca
aśocyān anvaśocas tvaṃ
prajñāvādāṃś ca bhāṣase
gatāsūn agatāsūṃś ca
nānuśocanti paṇḍitāḥ 2-11

na tvevāhaṃ jātu nāsaṃ
na tvaṃ neme janādhipāḥ
na caiva na bhaviṣyāmaḥ
sarve vayam ataḥ param 2-12

dehino 'smin yathā dehe
kaumāraṃ yauvanaṃ jarā
tathā dehāntaraprāptir
dhīras tatra na muhyati 2-13

mātrāsparśās tu kaunteya
śītoṣṇasukhaduḥkhadāḥ
āgamāpāyino 'nityās
tāṃs titikṣasva bhārata 2-14

yaṃ hi na vyathayanty ete
puruṣaṃ puruṣarṣabha
samaduḥkhasukhaṃ dhīraṃ
so 'mṛtatvāya kalpate 2-15

nāsato vidyate bhāvo
nābhāvo vidyate sataḥ
ubhayor api dṛṣṭo 'ntas
tv anayos tattvadarśibhiḥ 2-16

avināśi tu tad viddhi
yena sarvam idaṃ tatam
vināśam avyayasyāsya
na kaścit kartum arhati 2-17

antavanta ime dehā
nityasyoktāḥ śarīriṇaḥ
anāśino 'prameyasya
tasmād yudhyasva bhārata 2-18

ya enaṃ vetti hantāraṃ
yaś cainaṃ manyate hatam
ubhau tau na vijānīto
nāyaṃ hanti na hanyate 2-19

na jāyate mriyate vā kadācin
nāyaṃ bhūtvā bhavitā vā na bhūyaḥ
ajo nityaḥ śāśvato 'yaṃ purāṇo
na hanyate hanyamāne śarīre 2-20.

vedāvināśinaṁ nityaṁ
ya enam ajam avyayam I
kathaṁ sa puruṣaḥ pārtha
kaṁ ghātayati hanti kam 2-21

vāsāṁsi jīrṇāni yathā vihāya
navāni gṛhṇāti naro 'parāṇi I
tathā śarīrāṇi vihāya jīrṇāny
anyāni saṁyāti navāni dehī 2 -22

nainaṃ chindanti śastrāṇi
nainaṃ dahati pāvakaḥ
na cainaṃ kledayanty āpo
na śoṣayati mārutaḥ 2-23

acchedyo 'yam adāhyo 'yam
akledyo 'śoṣya eva ca
nityaḥ sarvagataḥ sthāṇur
acalo 'yaṃ sanātanaḥ 2-24

avyakto 'yam acintyo 'yam
avikāryo 'yam ucyate
tasmād evaṃ viditvainaṃ
nānuśocitum arhasi 2-25

atha cainaṃ nityajātaṃ
nityaṃ vā manyase mṛtam
tathāpi tvaṃ mahābāho
naivaṃ śocitum arhasi 2-26

jātasya hi dhruvo mṛtyur
dhruvaṃ janma mṛtasya ca
tasmād aparihārye 'rthe
na tvaṃ śocitum arhasi 2-27

avyaktādīni bhūtāni
vyaktamadhyāni bhārata
avyaktanidhanāny eva
tatra kā paridevanā 2-28

āścaryavat paśyati kaścid enam
āścaryavad vadati tathaiva cānyaḥ
āścaryavac cainam anyaḥ śṛṇoti
śrutvāpy enaṃ veda na caiva kaścit 2-29

dehī nityam avadhyo 'yaṃ
dehe sarvasya bhārata
tasmāt sarvāṇi bhūtāni
na tvaṃ śocitum arhasi 2-30

svadharmam api cāvekṣya
na vikampitum arhasi
dharmyād dhi yuddhāc chreyo 'nyat
kṣatriyasya na vidyate 2-31

yadṛcchayā copapannaṃ
svargadvāram apāvṛtam
sukhinaḥ kṣatriyāḥ pārtha
labhante yuddham īdṛśam 2-32

atha cet tvam imaṃ dharmyaṃ
saṅgrāmaṃ na kariṣyasi
tataḥ svadharmaṃ kīrtiṃ ca
hitvā pāpam avāpsyasi 2-33

akīrtiṃ cāpi bhūtāni
kathayiṣyanti te 'vyayām
sambhāvitasya cākīrtir
maraṇād atiricyate 2-34

bhayād raṇād uparataṃ
maṃsyante tvāṃ mahārathāḥ
yeṣāṃ ca tvaṃ bahumato
bhūtvā yāsyasi lāghavam 2-35

avācyavādāṃś ca bahūn
vadiṣyanti tavāhitāḥ
nindantas tava sāmarthyaṃ
tato duḥkhataraṃ nu kim 2-36

hato vā prāpsyasi svargaṃ
jitvā vā bhokṣyase mahīm
tasmād uttiṣṭha kaunteya
yuddhāya kṛtaniścayaḥ 2-37

sukhaduḥkhe same kṛtvā
lābhālābhau jayājayau
tato yuddhāya yujyasva
naivaṃ pāpam avāpsyasi 2-38

eṣā te 'bhihitā sāṅkhye
buddhir yoge tv imāṃ śṛṇu
buddhyā yukto yayā pārtha
karmabandhaṃ prahāsyasi 2-39

nehābhikramanāśo 'sti
pratyavāyo na vidyate
svalpam apy asya dharmasya
trāyate mahato bhayāt 2-40

vyavasāyātmikā buddhir ekeha
kurunandana
bahuśākhā hy anantāś ca
buddhayo 'vyavasāyinām 2-41

yām imāṃ puṣpitāṃ vācaṃ
pravadanty avipaścitaḥ
vedavādaratāḥ pārtha
nānyad astīti vādinaḥ 2-42

kāmātmānaḥ svargaparā
janmakarmaphalapradām
kriyāviśeṣabahulāṃ
bhogaiśvaryagatiṃ prati 2-43

bhogaiśvaryaprasaktānāṃ
tayāpahṛtacetasām
vyavasāyātmikā buddhiḥ
samādhau na vidhīyate 2-44

traiguṇyaviṣayā vedā
nistraiguṇyo bhavārjuna
nirdvandvo nityasattvastho
niryogakṣema ātmavān 2-45

yāvān artha udapāne
sarvataḥ samplutodake
tāvān sarveṣu vedeṣu
brāhmaṇasya vijānataḥ 2-46

karmaṇy evādhikāras te
mā phaleṣu kadācana
mā karmaphalahetur bhūr
mā te saṅgo 'stv akarmaṇi 2-47

yogasthaḥ kuru karmāṇi
saṅgaṃ tyaktvā dhanañjaya
siddhyasiddhyoḥ samo bhūtvā
samatvaṃ yoga ucyate 2-48

dūreṇa hy avaraṃ karma
buddhiyogād dhanañjaya
buddhau śaraṇam anviccha
kṛpaṇāḥ phalahetavaḥ 2-49

buddhiyukto jahātīha
ubhe sukṛtaduṣkṛte
tasmād yogāya yujyasva
yogaḥ karmasu kauśalam 2-50

karmajaṃ buddhiyuktā hi
phalaṃ tyaktvā manīṣiṇaḥ
janmabandhavinirmuktāḥ
padaṃ gacchanty anāmayam 2-51

yadā te mohakalilaṃ
buddhir vyatitariṣyati
tadā gantāsi nirvedaṃ
śrotavyasya śrutasya ca 2-52

śrutivipratipannā te
yadā sthāsyati niścalā
samādhāv acalā buddhiḥ
tadā yogam avāpsyasi 2-53

arjuna uvāca
sthitaprajñasya kā bhāṣā
samādhisthasya keśava
sthitadhīḥ kiṃ prabhāṣeta
kim āsīta vrajeta kim 2-54

śrī-bhagavān uvāca

prajahāti yadā kāmān
sarvān pārtha manogatān
ātmany evātmanā tuṣṭaḥ
sthitaprajñas tadocyate 2-55

duḥkheṣv anudvignamanāḥ
sukheṣu vigataspṛhaḥ
vītarāgabhayakrodhaḥ
sthitadhīr munir ucyate 2-56

yaḥ sarvatrānabhisnehas
tat tat prāpya śubhāśubham
nābhinandati na dveṣṭi
tasya prajñā pratiṣṭhitā 2-57

yadā saṃharate cāyaṃ
kūrmo 'ṅgānīva sarvaśaḥ
indriyāṇīndriyārthebhyas
tasya prajñā pratiṣṭhitā 2-58

viṣayā vinivartante
nirāhārasya dehinaḥ
rasavarjaṃ raso 'py asya
paraṃ dṛṣṭvā nivartate 2-59

yatato hy api kaunteya
puruṣasya vipaścitaḥ
indriyāṇi pramāthīni
haranti prasabhaṃ manaḥ 2-60

tāni sarvāṇi saṃyamya
yukta āsīta matparaḥ
vaśe hi yasya indriyāṇi
tasya prajñā pratiṣṭhitā 2-61

dhyāyato viṣayān puṃsaḥ
saṅgas teṣūpajāyate
saṅgāt sañjāyate kāmaḥ
kāmāt krodho 'bhijāyate 2-62

krodhād bhavati sammohaḥ
sammohāt smṛtivibhramaḥ
smṛtibhraṃśād buddhināśo
buddhināśāt praṇaśyati 2-63

rāgadveṣavimuktais tu
viṣayān indriyaiś caran
ātmavaśyair vidheyātmā
prasādam adhigacchati 2-64

prasāde sarvaduḥkhānāṃ
hānir asyopajāyate
prasannacetaso hy āśu
buddhiḥ paryavatiṣṭhate 2-65

nāsti buddhir ayuktasya
na cāyuktasya bhāvanā
na cābhāvayataḥ śāntir
aśāntasya kutaḥ sukham 2-66

indriyāṇāṃ hi caratāṃ
yan mano 'nuvidhīyate
tad asya harati prajñāṃ
vāyur nāvam ivāmbhasi 2-67

tasmād yasya mahābāho
nigṛhītāni sarvaśaḥ
indriyāṇīndriyārthebhyas
tasya prajñā pratiṣṭhitā 2-68

yā niśā sarvabhūtānāṃ
tasyāṃ jāgarti saṃyamī
yasyāṃ jāgrati bhūtāni
sā niśā paśyato muneḥ 2-69

āpūryamāṇam acalapratiṣṭhaṃ
samudram āpaḥ praviśanti yadvat
tadvat kāmā yaṃ praviśanti sarve
sa śāntim āpnoti na kāmakāmī 2-70

vihāya kāmān yaḥ sarvān
pumāṃś carati niḥspṛhaḥ
nirmamo nirahaṅkāraḥ
sa śāntim adhigacchati 2-71

eṣā brāhmī sthitiḥ pārtha
naināṃ prāpya vimuhyati
sthitvāsyām antakāle 'pi
brahmanirvāṇam ṛcchati 2-72

---

oṃ tat sad iti śrīmad bhagavadgītāsu upaniṣatsu
brahmavidyāyāṃ yogaśāstre śrī-kṛṣṇārjuna-saṃvāde
sāṅkhya-yogo nāma dvitīyo'dhyāyaḥ ॥

Chapter 3

Atha Tritiyo'dhyayah
Karma Yogah (43 Shlokah)

---

arjuna uvāca
jyāyasī cet karmaṇas te
matā buddhir janārdana
tat kiṃ karmaṇi ghore
māṃ niyojayasi keśava 3-1

vyāmiśreṇeva vākyena
buddhiṃ mohayasīva me
tad ekaṃ vada niścitya
yena śreyo 'ham āpnuyām 3-2

śrī-bhagavān uvāca
loke 'smin dvividhā niṣṭhā
purā proktā mayānagha
jñānayogena sāṅkhyānāṃ
karmayogena yogināṃ 3-3

na karmaṇām anārambhān
naiṣkarmyaṃ puruṣo 'śnute
na ca saṃnyasanād eva
siddhiṃ samadhigacchati 3-4

na hi kaścit kṣaṇam api
jātu tiṣṭhaty akarmakṛt
kāryate hy avaśaḥ karma
sarvaḥ prakṛtijair guṇaiḥ 3-5

karmendriyāṇi saṃyamya
ya āste manasā smaran
indriyārthān vimūḍhātmā
mithyācāraḥ sa ucyate 3-6

yas tv indriyāṇi manasā
niyamyārabhate 'rjuna
karmendriyaiḥ karmayogam
asaktaḥ sa viśiṣyate 3-7

niyataṃ kuru karma tvaṃ
karma jyāyo hy akarmaṇaḥ
śarīrayātrāpi ca te
na prasiddhyed akarmaṇaḥ 3-8

yajñārthāt karmaṇo 'nyatra
loko 'yaṃ karmabandhanaḥ
tadarthaṃ karma kaunteya
muktasaṅgaḥ samācara 3-9

sahayajñāḥ prajāḥ sṛṣṭvā
purovāca prajāpatiḥ
anena prasaviṣyadhvam
eṣa vo 'stv iṣṭakāmadhuk 3-10

devān bhāvayatānena
te devā bhāvayantu vaḥ
parasparaṃ bhāvayantaḥ
śreyaḥ param avāpsyatha 3-11

iṣṭān bhogān hi vo devā
dāsyante yajñabhāvitāḥ
tair dattān apradāyaibhyo
yo bhuṅkte stena eva saḥ 3-12

yajñaśiṣṭāśinaḥ santo
mucyante sarvakilbiṣaiḥ
bhuñjate te tv aghaṃ pāpā
ye pacanty ātmakāraṇāt 3-13

annād bhavanti bhūtāni
parjanyād annasambhavaḥ
yajñād bhavati parjanyo
yajñaḥ karmasamudbhavaḥ 3-14

karma brahmodbhavaṃ viddhi
brahmākṣarasamudbhavam
tasmāt sarvagataṃ brahma
nityaṃ yajñe pratiṣṭhitam 3-15

evaṃ pravartitaṃ cakraṃ
nānuvartayatīha yaḥ
aghāyur indriyārāmo
moghaṃ pārtha sa jīvati 3-16

yas tv ātmaratir eva syād
ātmatṛptaś ca mānavaḥ
ātmanyeva ca santuṣṭas
tasya kāryaṃ na vidyate 3-17

naiva tasya kṛtenārtho
nākṛteneha kaścana
na cāsya sarvabhūteṣu
kaścid arthavyapāśrayaḥ 3-18

tasmād asaktaḥ satataṃ
kāryaṃ karma samācara
asakto hy ācaran karma
param āpnoti pūruṣaḥ 3-19

karmaṇaiva hi saṃsiddhim āsthitā
janakādayaḥ
lokasaṅgraham evāpi
sampaśyan kartum arhasi 3-20

yad yad ācarati śreṣṭhas
tat tad evetaro janaḥ
sa yat pramāṇaṃ kurute
lokas tad anuvartate 3-21

na me pārthāsti kartavyaṃ
triṣu lokeṣu kiñcana
nānavāptam avāptavyaṃ
varta eva ca karmaṇi 3-22

yadi hy ahaṃ na varteyaṃ
jātu karmaṇy atandritaḥ
mama vartmānuvartante
manuṣyāḥ pārtha sarvaśaḥ 3-23

utsīdeyur ime lokā
na kuryāṃ karma ced aham
saṅkarasya ca kartā syām
upahanyām imāḥ prajāḥ 3-24

saktāḥ karmaṇy avidvāṃso
yathā kurvanti bhārata
kuryād vidvāṃs tathāsaktaś
cikīrṣur lokasaṅgraham 3-25

na buddhibhedaṃ janayed
ajñānāṃ karmasaṅginām
joṣayet sarvakarmāṇi
vidvān yuktaḥ samācaran 3-26

prakṛteḥ kriyamāṇāni
guṇaiḥ karmāṇi sarvaśaḥ
ahaṅkāravimūḍhātmā
kartāham iti manyate 3-27

tattvavit tu mahābāho
guṇakarmavibhāgayoḥ
guṇā guṇeṣu vartanta
iti matvā na sajjate 3-28

prakṛter guṇasammūḍhāḥ
sajjante guṇakarmasu
tān akṛtsnavido mandān
kṛtsnavin na vicālayet 3-29

mayi sarvāṇi karmāṇi
saṃnyasyādhyātmacetasā
nirāśīr nirmamo bhūtvā
yudhyasva vigatajvaraḥ 3-30

ye me matam idaṃ
nityam anutiṣṭhanti mānavāḥ
śraddhāvanto 'nasūyanto
mucyante te 'pi karmabhiḥ 3-31

ye tv etad abhyasūyanto
nānutiṣṭhanti me matam
sarvajñānavimūḍhāṃs tān
viddhi naṣṭān acetasaḥ 3-32

sadṛśaṃ ceṣṭate svasyāḥ
prakṛter jñānavān api
prakṛtiṃ yānti bhūtāni
nigrahaḥ kiṃ kariṣyati 3-33

indriyasyendriyasyārthe
rāgadveṣau vyavasthitau
tayor na vaśam āgacchet
tau hy asya paripanthinau 3-34

śreyān svadharmo viguṇaḥ
paradharmāt svanuṣṭhitāt
svadharme nidhanaṃ śreyaḥ
paradharmo bhayāvahaḥ 3-35

arjuna uvāca
atha kena prayukto 'yaṃ
pāpaṃ carati pūruṣaḥ
anicchann api vārṣṇeya
balād iva niyojitaḥ 3-36

śrī-bhagavān uvāca
kāma eṣa krodha eṣa
rajoguṇasamudbhavaḥ
mahāśano mahāpāpmā
viddhy enam iha vairiṇam 3-37

dhūmenāvriyate vahnir
yathādarśo malena ca
yatholbenāvṛto garbhas
tathā tenedam āvṛtam 3-38

āvṛtaṃ jñānam etena
jñānino nityavairiṇā
kāmarūpeṇa kaunteya
duṣpūreṇānalena ca 3-39

indriyāṇi mano buddhiḥ
asyādhiṣṭhānam ucyate
etair vimohayaty eṣa
jñānam āvṛtya dehinam 3-40

tasmāt tvam indriyāṇy ādau
niyamya bharatarṣabha
pāpmānaṃ prajahi hy enam
jñānavijñānanāśanam 3-41

indriyāṇi parāṇy āhur
indriyebhyaḥ paraṃ manaḥ
manasas tu parā buddhir
yo buddheḥ paratas tu saḥ 3-42

evaṃ buddheḥ paraṃ buddhvā
saṃstabhyātmānam ātmanā
jahi śatruṃ mahābāho
kāmarūpaṃ durāsadam 3-43

---

oṃ tat sad iti śrīmad bhagavadgītāsu upaniṣatsu
brahmavidyāyāṃ yogaśāstre śrī-kṛṣṇārjuna-saṃvāde
karma-yogo nāma tṛtīyo 'dhyāyaḥ

Chapter 4

Atha Caturtho 'dhyāyaḥ
Jñāna-Karma-Saṃnyāsa-yogaḥ (42 Ślokāḥ)

śrī-bhagavān uvāca
imaṃ vivasvate yogaṃ
proktavān aham avyayam
vivasvān manave prāha
manur ikṣvākave 'bravīt 4-1

evaṃ paramparāprāptam imaṃ
rājarṣayo viduḥ
sa kāleneha mahatā
yogo naṣṭaḥ parantapa 4-2

sa evāyaṃ mayā te 'dya
yogaḥ proktaḥ purātanaḥ
bhakto 'si me sakhā ceti
rahasyaṃ hy etad uttamam 4-3

arjuna uvāca
aparaṃ bhavato janma
paraṃ janma vivasvataḥ
katham etad vijānīyāṃ
tvam ādau proktavān iti 4-4

śrī-bhagavān uvāca
bahūni me vyatītāni
janmāni tava cārjuna
tāny ahaṃ veda sarvāṇi
na tvaṃ vettha parantapa 4-5

ajo 'pi sann avyayātmā
bhūtānām īśvaro 'pi san
prakṛtiṃ svām adhiṣṭhāya
sambhavāmy ātma-māyayā 4-6

yadā yadā hi dharmasya
glānir bhavati bhārata
abhyutthānam adharmasya
tadātmānaṃ sṛjāmy aham 4-7

paritrāṇāya sādhūnāṃ
vināśāya ca duṣkṛtām
dharmasaṃsthāpanārthāya
sambhavāmi yuge yuge 4-8

janma karma ca me divyam
evaṃ yo vetti tattvataḥ
tyaktvā dehaṃ punarjanma
naiti mām eti so 'rjuna 4-9

vītarāgabhayakrodhā
manmayā mām upāśritāḥ
bahavo jñānatapasā pūtā
madbhāvam āgatāḥ 4-10

ye yathā māṃ prapadyante
tāṃs tathaiva bhajāmy aham
mama vartmānuvartante
manuṣyāḥ pārtha sarvaśaḥ 4-11

kāṅkṣantaḥ karmaṇāṃ siddhiṃ
yajanta iha devatāḥ
kṣipraṃ hi mānuṣe loke
siddhir bhavati karmajā 4-12

cāturvarṇyaṃ mayā sṛṣṭaṃ
guṇakarmavibhāgaśaḥ
tasya kartāram api māṃ
viddhy akartāram avyayam 4-13

na māṃ karmāṇi limpanti
na me karmaphale spṛhā
iti māṃ yo 'bhijānāti
karmabhir na sa badhyate 4-14

evaṃ jñātvā kṛtaṃ karma
pūrvair api mumukṣubhiḥ
kuru karmaiva tasmāt tvaṃ
pūrvaiḥ pūrvataraṃ kṛtam 4-15

kiṃ karma kim akarmeti
kavayo 'py atra mohitāḥ
tat te karma pravakṣyāmi
yaj jñātvā mokṣyase 'śubhāt 4-16

karmaṇo hy api boddhavyaṃ
boddhavyaṃ ca vikarmaṇaḥ
akarmaṇaś ca boddhavyaṃ
gahanā karmaṇo gatiḥ 4-17

karmaṇy akarma yaḥ paśyed
akarmaṇi ca karma yaḥ
sa buddhimān manuṣyeṣu
sa yuktaḥ kṛtsnakarmakṛt 4-18

yasya sarve samārambhāḥ
kāmasaṅkalpavarjitāḥ
jñānāgnidagdhakarmāṇaṃ
tam āhuḥ paṇḍitaṃ budhāḥ 4-19

tyaktvā karmaphalāsaṅgaṃ
nityatṛpto nirāśrayaḥ
karmaṇy abhipravṛtto 'pi
naiva kiñcit karoti saḥ 4-20

nirāśīr yatacittātmā
tyaktasarvaparigrahaḥ
śārīraṃ kevalaṃ karma
kurvan nāpnoti kilbiṣam 4-21

yadṛcchālābhasantuṣṭo
dvandvātīto vimatsaraḥ
samaḥ siddhāv asiddhau ca
kṛtvāpi na nibadhyate 4-22

gatasaṅgasya muktasya
jñānāvasthitacetasaḥ
yajñāyācarataḥ karma
samagraṃ pravilīyate 4-23

brahmārpaṇaṃ brahma havir
brahmāgnau brahmaṇā hutam
brahmaiva tena gantavyaṃ
brahmakarmasamādhinā 4-24

daivam evāpare yajñaṃ
yoginaḥ paryupāsate
brahmāgnāv apare yajñaṃ
yajñenaivopajuhvati 4-25.

śrotrādīnīndriyāṇy anye
saṃyamāgniṣu juhvati
śabdādīn viṣayān anya
indriyāgniṣu juhvati 4-26

sarvāṇīndriyakarmāṇi
prāṇakarmāṇi cāpare
ātmasaṃyamayogāgnau
juhvati jñānadīpite 4-27

dravyayajñās tapoyajñā
yogayajñās tathāpare
svādhyāyajñānayajñāś ca
yatayaḥ saṃśitavratāḥ 4-28

apāne juhvati prāṇaṃ
prāṇe 'pānaṃ tathāpare
prāṇāpānagatī ruddhvā
prāṇāyāmaparāyaṇāḥ 4-29

apare niyatāhārāḥ
prāṇān prāṇeṣu juhvati
sarve 'py ete yajñavido
yajñakṣapitakalmaṣāḥ 4-30

yajñaśiṣṭāmṛtabhujo yānti
brahma sanātanam
nāyaṃ loko 'sty ayajñasya
kuto 'nyaḥ kurusattama 4-31

evaṃ bahuvidhā yajñā
vitatā brahmaṇo mukhe
karmajān viddhi tān sarvān
evaṃ jñātvā vimokṣyase 4-32

śreyān dravyamayād yajñāj
jñānayajñaḥ parantapa
sarvaṃ karmākhilaṃ pārtha
jñāne parisamāpyate 4-33

tad viddhi praṇipātena
paripraśnena sevayā
upadekṣyanti te jñānaṃ
jñāninas tattvadarśinaḥ 4-34

yaj jñātvā na punar moham
evaṃ yāsyasi pāṇḍava
yena bhūtāny aśeṣeṇa
drakṣyasy ātmany atho mayi 4-35

api ced asi pāpebhyaḥ
sarvebhyaḥ pāpakṛttamaḥ
sarvaṃ jñānaplavenaiva
vṛjinaṃ santariṣyasi 4-36

yathaidhāṃsi samiddho 'gnir
bhasmasāt kurute 'rjuna
jñānāgniḥ sarvakarmāṇi
bhasmasāt kurute tathā 4-37

na hi jñānena sadṛśaṃ
pavitram iha vidyate
tat svayaṃ yogasaṃsiddhaḥ
kālena ātmani vindati 4-38

śraddhāvān labhate jñānaṃ
tatparaḥ saṃyatendriyaḥ
jñānaṃ labdhvā parāṃ śāntim
acireṇādhigacchati 4-39

ajñaś cāśraddadhānaś ca
saṃśayātmā vinaśyati
nāyaṃ loko 'sti na paro
na sukhaṃ saṃśayātmanaḥ 4-40

yogasaṃnyastakarmāṇaṃ
jñānasañchinnasaṃśayam
ātmavantaṃ na karmāṇi
nibadhnanti dhanañjaya 4-41

tasmād ajñānasambhūtaṃ
hṛtsthaṃ jñānāsinātmanaḥ
chittvainaṃ saṃśayaṃ
yogam ātiṣṭhottiṣṭha bhārata 4-42

---

oṃ tat sad iti śrīmad bhagavadgītāsu upaniṣatsu
brahmavidyāyāṃ yogaśāstre śrī-kṛṣṇārjuna-saṃvāde
jñāna-karma-saṃnyāsa-yogo nāma caturtho 'dhyāyaḥ ||

Chapter 5

Atha Pañcamo 'dhyāyaḥ
Saṃnyāsa-yogaḥ (29 Ślokāḥ)

arjuna uvāca
saṃnyāsaṃ karmaṇāṃ kṛṣṇa
punar yogaṃ ca śaṃsasi
yac chreya etayor ekaṃ
tan me brūhi suniścitam 5-1

śrī-bhagavān uvāca
saṃnyāsaḥ karma-yogaś ca
niḥśreyasa-karāv ubhau
tayos tu karma-saṃnyāsāt
karma-yogo viśiṣyate 5-2

jñeyaḥ sa nitya-saṃnyāsī
yo na dveṣṭi na kāṅkṣati
nirdvandvo hi mahā-bāho
sukhaṃ bandhāt pramucyate 5-3

sāṅkhya-yogau pṛthag bālāḥ
pravadanti na paṇḍitāḥ
ekam apy āsthitaḥ samyag
ubhayor vindate phalam 5-4

yat sāṅkhyaiḥ prāpyate sthānaṃ
tad yogair api gamyate
ekaṃ sāṅkhyaṃ ca yogaṃ ca
yaḥ paśyati sa paśyati 5-5

saṃnyāsas tu mahā-bāho
duḥkham āptum ayogataḥ
yoga-yukto munir brahma
na cireṇādhigacchati 5-6

yoga-yukto viśuddhātmā
vijitātmā jitendriyaḥ
sarva-bhūtātma-bhūtātmā
kurvann api na lipyate 5-7

naiva kiñcit karomīti
yukto manyeta tattva-vit
paśyan śṛṇvan spṛśan jighrann
aśnan gacchan svapan śvasan 5-8

pralapan visṛjan gṛhṇan
unmiṣan nimiṣann api
indriyāṇīndriyārtheṣu
vartanta iti dhārayan 5-9

brahmaṇy ādhāya karmāṇi
saṅgaṃ tyaktvā karoti yaḥ
lipyate na sa pāpena
padma-patram ivāmbhasā 5-10

kāyena manasā buddhyā
kevalair indriyair api
yoginaḥ karma kurvanti
saṅgaṃ tyaktvātma-śuddhaye 5-11

yuktaḥ karma-phalaṃ tyaktvā
śāntim āpnoti naiṣṭhikīm
ayuktaḥ kāma-kāreṇa
phale sakto nibadhyate 5-12

sarva-karmāṇi manasā
saṃnyasyāste sukhaṃ vaśī
nava-dvāre pure dehī
naiva kurvan na kārayan 5-13

na kartṛtvaṃ na karmāṇi
lokasya sṛjati prabhuḥ
na karma-phala-saṃyogaṃ
svabhāvas tu pravartate 5-14

nādatte kasyacit pāpaṃ
na caiva sukṛtaṃ vibhuḥ
ajñānenāvṛtaṃ jñānaṃ
tena muhyanti jantavaḥ 5-15

jñānena tu tad ajñānaṃ
yeṣāṃ nāśitam ātmanaḥ
teṣām ādityavaj jñānaṃ
prakāśayati tat param 5-16

tad-buddhayas tad-ātmānas
tan-niṣṭhās tat-parāyaṇāḥ
gacchanty apunar-āvṛttiṃ
jñāna-nirdhūta-kalmaṣāḥ 5-17

vidyā-vinaya-sampanne
brāhmaṇe gavi hastini
śuni caiva śva-pāke ca
paṇḍitāḥ sama-darśinaḥ 5-18

ihaiva tair jitaḥ sargo
yeṣāṃ sāmye sthitaṃ manaḥ
nirdoṣaṃ hi samaṃ brahma
tasmād brahmaṇi te sthitāḥ 5-19

na prahṛṣyet priyaṃ prāpya
nodvijet prāpya cāpriyam
sthira-buddhir asammūḍho
brahma-vid brahmaṇi sthitaḥ 5-20

bāhya-sparśeṣv asaktātmā
vindaty ātmani yat sukham
sa brahma-yoga-yuktātmā
sukham akṣayam aśnute 5-21

ye hi saṃsparśa-jā bhogā
duḥkha-yonaya eva te
ādy-antavantaḥ kaunteya
na teṣu ramate budhaḥ 5-22

śaknotīhaiva yaḥ soḍhuṃ
prāk śarīra-vimokṣaṇāt
kāma-krodhodbhavaṃ vegaṃ
sa yuktaḥ sa sukhī naraḥ 5-23

yo ’ntaḥ-sukho ’ntar-ārāmas
tathāntar-jyotir eva yaḥ
sa yogī brahma-nirvāṇaṃ
brahma-bhūto ’dhigacchati 5-24

labhante brahma-nirvāṇam
ṛṣayaḥ kṣīṇa-kalmaṣāḥ
chinna-dvaidhā yatātmānaḥ
sarva-bhūta-hite ratāḥ 5-25

kāma-krodha-viyuktānāṃ
yatīnāṃ yata-cetasām
abhito brahma-nirvāṇaṃ
vartate viditātmanām 5-26

sparśān kṛtvā bahir bāhyāṃś
cakṣuś caivāntare bhruvoḥ
prāṇāpānau samau kṛtvā
nāsābhyantara-cāriṇau 5-27

yatendriya-mano-buddhir
munir mokṣa-parāyaṇaḥ
vigata-icchā-bhaya-krodho
yaḥ sadā mukta eva saḥ 5-28

bhoktāraṃ yajña-tapasāṃ
sarva-loka-maheśvaram
suhṛdaṃ sarva-bhūtānāṃ
jñātvā māṃ śāntim ṛcchati 5-29

---

oṃ tat sad iti śrīmad bhagavadgītāsu upaniṣatsu
brahmavidyāyāṃ yogaśāstre śrī-kṛṣṇārjuna-saṃvāde
saṃnyāsa-yogo nāma pañcamo 'dhyāyaḥ ||

Chapter 6

Atha Ṣaṣṭho 'dhyāyaḥ
Ātma-saṃyama-yogaḥ (*47 Ślokāḥ*)

śrī-bhagavān uvāca
anāśritaḥ karmaphalaṃ
kāryaṃ karma karoti yaḥ
sa saṃnyāsī ca yogī ca
na niragnir na cākriyaḥ 6-1

yaṃ saṃnyāsam iti prāhur
yogaṃ taṃ viddhi pāṇḍava
na hy asaṃnyastasaṅkalpo
yogī bhavati kaścana 6-2

ārurukṣor muner yogaṃ
karma kāraṇam ucyate
yogārūḍhasya tasyaiva
śamaḥ kāraṇam ucyate 6-3

yadā hi nendriyārtheṣu
na karmasv anuṣajjate
sarvasaṅkalpasaṃnyāsī
yogārūḍhas tadocyate 6-4

uddhared ātmanātmānaṃ
nātmānam avasādayet
ātmaiva hy ātmano bandhur
ātmaiva ripur ātmanaḥ 6-5

bandhur ātmātmanas tasya
yenātmaivātmanā jitaḥ
anātmanas tu śatrutve
vartetātmaiva śatruvat 6-6

jitātmanaḥ praśāntasya
paramātmā samāhitaḥ
śītoṣṇasukhaduḥkheṣu
tathā mānāpamānayoḥ 6-7

jñānavijñānatṛptātmā
kūṭastho vijitendriyaḥ
yukta ity ucyate yogī
samaloṣṭāśmakāñcanaḥ 6-8

suhṛnmitrāryudāsīna-
madhyasthadveṣyabandhuṣu
sādhuṣv api ca pāpeṣu
samabuddhir viśiṣyate 6-9

yogī yuñjīta satatam
ātmānaṃ rahasi sthitaḥ
ekākī yatacittātmā
nirāśīr aparigrahaḥ 6-10

śucau deśe pratiṣṭhāpya
sthiram āsanam ātmanaḥ
nātyucchritaṃ nātinīcaṃ
cailājinakuśottaram 6-11

tatraikāgraṃ manaḥ kṛtvā
yatacittendriyakriyaḥ
upaviśyāsane yuñjyād
yogam ātmaviśuddhaye 6-12

samaṃ kāyaśirogrīvaṃ
dhārayann acalaṃ sthiraḥ
samprekṣya nāsikāgraṃ svaṃ
diśaś cānavalokayan 6-13

praśāntātmā vigatabhīr
brahmacārivrate sthitaḥ
manaḥ saṃyamya maccitto
yukta āsīta matparaḥ 6-14

yuñjann evaṃ sadātmānaṃ
yogī niyatamānasaḥ
śāntiṃ nirvāṇaparamāṃ
matsaṃsthām adhigacchati 6-15

nātyaśnatas tu yogo 'sti
na caikāntam anaśnataḥ
na cātisvapnaśīlasya
jāgrato naiva cārjuna 6-16

yuktāhāravihārasya
yuktaceṣṭasya karmasu
yuktasvapnāvabodhasya
yogo bhavati duḥkhahā 6-17

yadā viniyataṃ cittam
ātmany evāvatiṣṭhate
niḥspṛhaḥ sarvakāmebhyo
yukta ity ucyate tadā 6-18

yathā dīpo nivātastho
neṅgate sopamā smṛtā
yogino yatacittasya
yuñjato yogam ātmanaḥ 6-19

yatroparamate cittaṃ
niruddhaṃ yogasevayā
yatra caivātmanātmānaṃ
paśyann ātmani tuṣyati 6-20

sukham ātyantikaṃ yat tad
buddhigrāhyam atīndriyam
vetti yatra na caivāyaṃ
sthitaś calati tattvataḥ 6-21

yaṃ labdhvā cāparaṃ lābhaṃ
manyate nādhikaṃ tataḥ
yasmin sthito na duḥkhena
guruṇāpi vicālyate 6-22

taṃ vidyād duḥkhasaṃyogaviyogaṃ
yogasaṃjñitam
sa niścayena yoktavyo
yogo 'nirviṇṇacetasā 6-23

saṅkalpaprabhavān kāmāṃs
tyaktvā sarvān aśeṣataḥ
manasaivendriyagrāmaṃ
viniyamya samantataḥ 6-24

śanaiḥ śanair uparamed
buddhyā dhṛtigṛhītayā
ātmasaṃsthaṃ manaḥ kṛtvā
na kiñcid api cintayet 6-25

yato yato niścarati
manaś cañcalam asthiram
tatas tato niyamyaitad
ātmany eva vaśaṃ nayet 6-26

praśāntamanasaṃ hy enaṃ
yoginaṃ sukham uttamam
upaiti śāntarajasaṃ
brahmabhūtam akalmaṣam 6-27

yuñjann evaṃ sadātmānaṃ
yogī vigatakalmaṣaḥ
sukhena brahmasaṃsparśam
atyantaṃ sukham aśnute 6-28

sarvabhūtastham ātmānaṃ
sarvabhūtāni cātmani
īkṣate yogayuktātmā
sarvatra samadarśanaḥ 6-29

yo māṃ paśyati sarvatra
sarvaṃ ca mayi paśyati
tasyāhaṃ na praṇaśyāmi
sa ca me na praṇaśyati 6-30

sarvabhūtasthitaṃ yo māṃ
bhajaty ekatvam āsthitaḥ
sarvathā vartamāno 'pi
sa yogī mayi vartate 6-31

ātmaupamyena sarvatra
samaṃ paśyati yo 'rjuna
sukhaṃ vā yadi vā duḥkhaṃ
sa yogī paramo mataḥ 6-32

arjuna uvāca
yo 'yaṃ yogas tvayā proktaḥ
sāmyena madhusūdana
etasyāhaṃ na paśyāmi
cañcalatvāt sthitiṃ sthirām 6-33

cañcalaṃ hi manaḥ kṛṣṇa
pramāthi balavad dṛḍham
tasyāhaṃ nigrahaṃ manye
vāyor iva suduṣkaram 6-34

śrī-bhagavān uvāca
asaṃśayaṃ mahābāho
mano durnigrahaṃ calam
abhyāsena tu kaunteya
vairāgyeṇa ca gṛhyate 6-35

asaṃyatātmanā yogo
duṣprāpa iti me matiḥ
vaśyātmanā tu yatatā
śakyo 'vāptum upāyataḥ 6-36

arjuna uvāca
ayatiḥ śraddhayopeto
yogāc calitamānasaḥ
aprāpya yogasaṃsiddhiṃ
kāṃ gatiṃ kṛṣṇa gacchati 6-37

kaccin nobhayavibhraṣṭaś
chinnābhram iva naśyati
apratiṣṭho mahābāho
vimūḍho brahmaṇaḥ pathi 6-38

etan me saṃśayaṃ kṛṣṇa
chettum arhasy aśeṣataḥ
tvad anyaḥ saṃśayasyāsya
chettā na hy upapadyate 6-39

śrī-bhagavān uvāca
pārtha naiveha nāmutra
vināśas tasya vidyate
na hi kalyāṇakṛt kaścid
durgatiṃ tāta gacchati 6-40

prāpya puṇyakṛtāṃ lokān
uṣitvā śāśvatīḥ samāḥ
śucīnāṃ śrīmatāṃ gehe
yogabhraṣṭo 'bhijāyate 6-41

athavā yoginām eva
kule bhavati dhīmatām
etad dhi durlabhataraṃ loke
janma yad īdṛśam 6-42

tatra taṃ buddhisaṃyogaṃ
labhate paurvadehikam
yatate ca tato bhūyaḥ
saṃsiddhau kurunandana 6-43

pūrvābhyāsena tenaiva
hriyate hy avaśo 'pi saḥ
jijñāsur api yogasya
śabdabrahmātivartate 6-44

prayatnād yatamānas tu
yogī saṃśuddhakilbiṣaḥ
anekajanmasaṃsiddhas
tato yāti parāṃ gatim 6-45

tapasvibhyo 'dhiko yogī
jñānibhyo 'pi mato 'dhikaḥ
karmibhyaś cādhiko yogī
tasmād yogī bhavārjuna 6-46

yoginām api sarveṣāṃ
madgatenāntarātmanā
śraddhāvān bhajate yo māṃ
sa me yuktatamo mataḥ 6-47

---

oṃ tat sad iti śrīmad bhagavadgītāsu upaniṣatsu
brahmavidyāyāṃ yogaśāstre śrī-kṛṣṇārjuna-saṃvāde
ātma-saṃyama-yogo nāma ṣaṣṭho 'dhyāyaḥ ||

Chapter 7

Atha Saptamo 'dhyāyaḥ
Jñāna-Vijñāna-yogaḥ (30 *Ślokāḥ*)

śrī-bhagavān uvāca
mayy āsaktamanāḥ pārtha
yogaṃ yuñjan madāśrayaḥ
asaṃśayaṃ samagraṃ māṃ
yathā jñāsyasi tac chṛṇu 7-1

jñānaṃ te 'haṃ savijñānam
idaṃ vakṣyāmy aśeṣataḥ
yaj jñātvā neha bhūyo 'nyat
jñātavyam avaśiṣyate 7-2

manuṣyāṇāṃ sahasreṣu
kaścid yatati siddhaye
yatatām api siddhānāṃ
kaścin māṃ vetti tattvataḥ 7-3

bhūmir āpo 'nalo vāyuḥ
khaṃ mano buddhir eva ca
ahaṅkāra itīyaṃ me
bhinnā prakṛtir aṣṭadhā 7-4

apareyam itas tv anyāṃ
prakṛtiṃ viddhi me parām
jīvabhūtāṃ mahābāho
yayedaṃ dhāryate jagat 7-5

etadyonīni bhūtāni
sarvāṇīty upadhāraya
ahaṃ kṛtsnasya jagataḥ
prabhavaḥ pralayas tathā 7-6

mattaḥ parataraṃ nānyat
kiñcid asti dhanañjaya
mayi sarvam idaṃ protaṃ
sūtre maṇigaṇā iva 7-7

raso 'ham apsu kaunteya
prabhāsmi śaśisūryayoḥ
praṇavaḥ sarvavedeṣu
śabdaḥ khe pauruṣaṃ nṛṣu 7-8

puṇyo gandhaḥ pṛthivyāṃ ca
tejaś cāsmi vibhāvasau
jīvanaṃ sarvabhūteṣu
tapaś cāsmi tapasviṣu 7-9

bījaṃ māṃ sarvabhūtānāṃ
viddhi pārtha sanātanam
buddhir buddhimatām asmi
tejas tejasvinām aham 7-10

balaṃ balavatāṃ cāhaṃ
kāmarāgavivarjitam
dharmāviruddho bhūteṣu
kāmo 'smi bharatarṣabha 7-11

ye caiva sāttvikā bhāvā
rājasās tāmasāś ca ye
matta eveti tān viddhi
na tv ahaṃ teṣu te mayi 7-12

tribhir guṇamayair bhāvair
ebhiḥ sarvam idaṃ jagat
mohitaṃ nābhijānāti
mām ebhyaḥ param avyayam 7-13

daivī hy eṣā guṇamayī
mama māyā duratyayā
mām eva ye prapadyante
māyām etāṃ taranti te 7-14

**na māṃ duṣkṛtino mūḍhāḥ
prapadyante narādhamāḥ
māyayāpahṛtajñānā
āsuraṃ bhāvam āśritāḥ 7-15**

**caturvidhā bhajante māṃ
janāḥ sukṛtino 'rjuna
ārto jijñāsur arthārthī
jñānī ca bharatarṣabha 7-16**

**teṣāṃ jñānī nityayukta
ekabhaktir viśiṣyate
priyo hi jñānino 'tyartham
ahaṃ sa ca mama priyaḥ 7-17**

**udārāḥ sarva evaite
jñānī tv ātmaiva me matam
āsthitaḥ sa hi yuktātmā
mām evānuttamāṃ gatim 7-18**

**bahūnāṃ janmanām ante
jñānavān māṃ prapadyate
vāsudevaḥ sarvam iti
sa mahātmā sudurlabhaḥ 7-19**

kāmais tais tair hṛtajñānāḥ
prapadyante ’nyadevatāḥ
taṃ taṃ niyamam āsthāya
prakṛtyā niyatāḥ svayā 7-20

yo yo yāṃ yāṃ tanuṃ bhaktaḥ
śraddhayārcitum icchati
tasya tasyācalāṃ śraddhāṃ
tām eva vidadhāmy aham 7-21

sa tayā śraddhayā yuktas
tasyārādhanam īhate
labhate ca tataḥ kāmān
mayaiva vihitān hi tān 7-22

antavat tu phalaṃ teṣāṃ
tad bhavaty alpamedhasām
devān devayajo yānti
madbhaktā yānti mām api 7-23

avyaktaṃ vyaktim āpannaṃ
manyante mām abuddhayaḥ
paraṃ bhāvam ajānanto
mamāvyayam anuttamam 7-24

nāhaṃ prakāśaḥ sarvasya
yogamāyāsamāvṛtaḥ
mūḍho 'yaṃ nābhijānāti
loko mām ajam avyayam 7-25

vedāhaṃ samatītāni
vartamānāni cārjuna
bhaviṣyāṇi ca bhūtāni
māṃ tu veda na kaścana 7-26

icchādveṣasamutthena
dvandvamohena bhārata
sarvabhūtāni sammohaṃ
sarge yānti parantapa 7-27

yeṣāṃ tv antagataṃ pāpaṃ
janānāṃ puṇyakarmaṇām
te dvandvamohanirmuktā
bhajante māṃ dṛḍhavratāḥ 7-28

jarāmaraṇamokṣāya
mām āśritya yatanti ye
te brahma tad viduḥ kṛtsnam
adhyātmaṃ karma cākhilam 7-29

sādhibhūtādhidaivaṃ māṃ
sādhiyajñaṃ ca ye viduḥ
prayāṇakāle 'pi ca māṃ
te vidur yuktacetasaḥ 7-30

---

oṃ tat sad iti śrīmad bhagavadgītāsu upaniṣatsu brahmavidyāyāṃ yogaśāstre śrī-kṛṣṇārjuna-saṃvāde jñāna-vijñāna-yogo nāma saptamo 'dhyāyaḥ ||

Chapter 8

Atha Aṣṭamo 'dhyāyaḥ
Akṣara-Brahma-yogaḥ (28 Ślokāḥ)

---

arjuna uvāca
kiṃ tad brahma kim adhyātmaṃ
kiṃ karma puruṣottama
adhibhūtaṃ ca kiṃ proktam
adhidaivaṃ kim ucyate 8-1

adhiyajñaḥ kathaṃ ko 'tra
dehe 'smin madhusūdana
prayāṇakāle ca kathaṃ
jñeyo 'si niyatātmabhiḥ 8-2

śrī-bhagavān uvāca
akṣaraṃ brahma paramaṃ
svabhāvo 'dhyātmam ucyate
bhūtabhāvodbhavakaro
visargaḥ karmasaṃjñitaḥ 8-3

adhibhūtaṃ kṣaro bhāvaḥ
puruṣaś cādhidaivatam
adhiyajño 'ham evātra
dehe dehabhṛtāṃ vara 8-4

antakāle ca mām eva
smaran muktvā kalevaram
yaḥ prayāti sa madbhāvaṃ
yāti nāsty atra saṃśayaḥ 8-5

yaṃ yaṃ vāpi smaran bhāvaṃ
tyajaty ante kalevaram
taṃ tam evaiti kaunteya
sadā tadbhāvabhāvitaḥ 8-6

tasmāt sarveṣu kāleṣu
mām anusmara yudhya ca
mayy arpita-manobuddhir
mām evaiṣyasy asaṃśayaḥ 8-7

abhyāsayogayuktena
cetasā nānyagāminā
paramaṃ puruṣaṃ divyaṃ
yāti pārthānucintayan 8-8

kaviṃ purāṇam anuśāsitāram
aṇor aṇīyāṃsam anusmared yaḥ
sarvasya dhātāram acintyarūpam
ādityavarṇaṃ tamasaḥ parastāt 8-9

prayāṇakāle manasācalena
bhaktyā yukto yogabalena caiva
bhruvor madhye prāṇam āveśya samyak
sa taṃ paraṃ puruṣam upaiti divyam 8-10

yad akṣaraṃ vedavido vadanti
viśanti yad yatayo vītarāgāḥ
yad icchanto brahmacaryaṃ caranti
tat te padaṃ saṅgraheṇa pravakṣye 8-11

sarvadvārāṇi saṃyamya
mano hṛdi nirudhya ca
mūrdhny ādhāyātmanaḥ prāṇam
āsthito yogadhāraṇām 8-12

oṃ ity ekākṣaraṃ brahma
vyāharan mām anusmaran
yaḥ prayāti tyajan dehaṃ
sa yāti paramāṃ gatim 8-13

ananyacetāḥ satataṃ
yo māṃ smarati nityaśaḥ
tasyāhaṃ sulabhaḥ pārtha
nityayuktasya yoginaḥ 8-14

māṃ upetya punarjanma
duḥkhālayam aśāśvatam
nāpnuvanti mahātmānaḥ
saṃsiddhiṃ paramāṃ gatāḥ 8-15

ābrahmabhuvanāl lokāḥ
punarāvartino 'rjuna
mām upetya tu kaunteya
punarjanma na vidyate 8-16

sahasrayugaparyantam
ahar yad brahmaṇo viduḥ
rātriṃ yugasahasrāntāṃ
te 'horātravido janāḥ 8-17

avyaktād vyaktayaḥ sarvāḥ
prabhavanty aharāgame
rātryāgame pralīyante
tatraivāvyaktasaṃjñake 8-18

bhūtagrāmaḥ sa evāyaṃ
bhūtvā bhūtvā pralīyate
rātryāgame 'vaśaḥ pārtha
prabhavaty aharāgame 8-19

paras tasmāt tu bhāvo 'nyo
'vyakto 'vyaktāt sanātanaḥ
yaḥ sa sarveṣu bhūteṣu
naśyatsu na vinaśyati 8-20

avyakto 'kṣara ity uktas
tam āhuḥ paramāṃ gatim
yaṃ prāpya na nivartante
tad dhāma paramaṃ mama 8-21

puruṣaḥ sa paraḥ pārtha
bhaktyā labhyas tv ananyayā
yasyāntaḥsthāni bhūtāni
yena sarvam idaṃ tatam 8-22

yatra kāle tv anāvṛttim
āvṛttiṃ caiva yoginaḥ
prayātā yānti taṃ kālaṃ
vakṣyāmi bharatarṣabha 8-23

agnir jyotir ahaḥ śuklaḥ
ṣaṇmāsā uttarāyaṇam
tatra prayātā gacchanti
brahma brahmavido janāḥ 8-24

dhūmo rātris tathā kṛṣṇaḥ
ṣaṇmāsā dakṣiṇāyanam
tatra cāndramasaṃ jyotir
yogī prāpya nivartate 8-25

śuklakṛṣṇe gatī hy ete
jagataḥ śāśvate mate
ekayā yāty anāvṛttim
anyayāvartate punaḥ 8-26

naite sṛtī pārtha jānan
yogī muhyati kaścana
tasmāt sarveṣu kāleṣu
yogayukto bhavārjuna 8-27

vedeṣu yajñeṣu tapaḥsu caiva
dāneṣu yat puṇyaphalaṃ pradiṣṭam
atyeti tat sarvam idaṃ viditvā
yogī paraṃ sthānam upaiti cādyam 8-28

---

oṃ tat sad iti śrīmad bhagavadgītāsu upaniṣatsu
brahmavidyāyāṃ yogaśāstre śrī-kṛṣṇārjuna-saṃvāde
akṣara-brahma-yogo nāma aṣṭamo 'dhyāyaḥ ||

Chapter 9

Atha Navamo 'dhyāyaḥ
Rāja-Vidyā-Rāja-Guhya-Yogaḥ (*34 Ślokāḥ*)

śrī-bhagavān uvāca
idaṃ tu te guhyatamaṃ
pravakṣyāmy anasūyave
jñānaṃ vijñānasahitaṃ
yaj jñātvā mokṣyase 'śubhāt 9-1

rājavidyā rājaguhyaṃ
pavitram idam uttamam
pratyakṣāvagamaṃ dharmyaṃ
susukhaṃ kartum avyayam 9-2

aśraddadhānāḥ puruṣā
dharmasyāsya parantapa
aprāpya māṃ nivartante
mṛtyusaṃsāravartmani 9-3

mayā tatam idaṃ sarvaṃ
jagad avyakta-mūrtinā
matsthāni sarvabhūtāni
na cāhaṃ teṣv avasthitaḥ 9-4

na ca matsthāni bhūtāni
paśya me yogam aiśvaram
bhūtabhṛn na ca bhūtastho
mamātmā bhūtabhāvanaḥ 9-5

yathākāśasthito nityaṃ
vāyuḥ sarvatrago mahān
tathā sarvāṇi bhūtāni
matsthānīty upadhāraya 9-6

sarvabhūtāni kaunteya
prakṛtiṃ yānti māmikām
kalpakṣaye punas tāni
kalpādau visṛjāmy aham 9-7

prakṛtiṃ svām avaṣṭabhya
visṛjāmi punaḥ punaḥ
bhūtagrāmam imaṃ kṛtsnam
avaśaṃ prakṛter vaśāt 9-8

na ca māṃ tāni karmāṇi
nibadhnanti dhanañjaya
udāsīnavad āsīnam
asaktaṃ teṣu karmasu 9-9

mayādhyakṣeṇa prakṛtiḥ
sūyate sacarācaram
hetunānena kaunteya
jagad viparivartate 9-10

avajānanti māṃ mūḍhā
mānuṣīṃ tanum āśritam
paraṃ bhāvam ajānanto
mama bhūtamaheśvaram 9-11

moghāśā moghakarmāṇo
moghajñānā vicetasaḥ
rākṣasīm āsurīṃ caiva
prakṛtiṃ mohinīṃ śritāḥ 9-12

mahātmānas tu māṃ pārtha
daivīṃ prakṛtim āśritāḥ
bhajanty ananyamanaso
jñātvā bhūtādim avyayam 9-13

satataṃ kīrtayanto māṃ
yatantaś ca dṛḍhavratāḥ
namasyantaś ca māṃ bhaktyā
nityayuktā upāsate 9-14

jñānayajñena cāpy anye
yajanto mām upāsate
ekatvena pṛthaktvena
bahudhā viśvatomukham 9-15

ahaṃ kratur ahaṃ yajñaḥ
svadhāham aham auṣadham
mantro ’ham aham evājyam
aham agnir ahaṃ hutam 9-16

pitāham asya jagato
mātā dhātā pitāmahaḥ
vedyaṃ pavitram oṃkāra
ṛk sāma yajur eva ca 9-17

gatir bhartā prabhuḥ sākṣī
nivāsaḥ śaraṇaṃ suhṛt
prabhavaḥ pralayaḥ sthānaṃ
nidhānaṃ bījam avyayam 9-18

tapāmy aham ahaṃ varṣaṃ
nigṛhṇāmy utsṛjāmi ca
amṛtaṃ caiva mṛtyuś ca
sad asac cāham arjuna 9-19

traividyā māṃ somapāḥ pūtapāpā
yajñair iṣṭvā svargatiṃ prārthayante
te puṇyam āsādya surendralokam
aśnanti divyān divi devabhogān 9-20

te taṃ bhuktvā svargalokaṃ viśālaṃ
kṣīṇe puṇye martyalokaṃ viśanti
evaṃ trayīdharmam anuprapannā
gatāgataṃ kāmakāmā labhante 9-21

ananyāś cintayanto māṃ
ye janāḥ paryupāsate
teṣāṃ nityābhiyuktānāṃ
yogakṣemaṃ vahāmy aham 9-22

ye 'py anyadevatā bhaktā
yajante śraddhayānvitāḥ
te 'pi mām eva kaunteya
yajanty avidhipūrvakam 9-23

ahaṃ hi sarvayajñānāṃ
bhoktā ca prabhur eva ca
na tu mām abhijānanti
tattvenātaś cyavanti te 9-24

yānti devavratā devān
pitṝn yānti pitṛvratāḥ
bhūtāni yānti bhūtejyā
yānti madyājino 'pi mām 9-25

patraṃ puṣpaṃ phalaṃ toyaṃ
yo me bhaktyā prayacchati
tad ahaṃ bhaktyupahṛtam
aśnāmi prayatātmanaḥ 9-26

yat karoṣi yad aśnāsi
yaj juhoṣi dadāsi yat
yat tapasyasi kaunteya
tat kuruṣva madarpaṇam 9-27

śubhāśubhaphalair evaṃ
mokṣyase karmabandhanaiḥ
saṃnyāsayogayuktātmā
vimukto mām upaiṣyasi 9-28

samo 'haṃ sarvabhūteṣu
na me dveṣyo 'sti na priyaḥ
ye bhajanti tu māṃ bhaktyā
mayi te teṣu cāpy aham 9-29

api cet sudurācāro
bhajate mām ananyabhāk
sādhur eva sa mantavyaḥ
samyag vyavasito hi saḥ 9-30

kṣipraṃ bhavati dharmātmā
śaśvacchāntiṃ nigacchati
kaunteya pratijānīhi
na me bhaktaḥ praṇaśyati 9-31

māṃ hi pārtha vyapāśritya
ye 'pi syuḥ pāpayonayaḥ
striyo vaiśyās tathā śūdrās
te 'pi yānti parāṃ gatim 9-32

kiṃ punar brāhmaṇāḥ puṇyā
bhaktā rājarṣayas tathā
anityam asukhaṃ lokam imaṃ
prāpya bhajasva mām 9-33

manmanā bhava madbhakto
madyājī māṃ namaskuru
mām evaiṣyasi yuktvaivam
ātmānaṃ matparāyaṇaḥ 9-34

---

oṃ tat sad iti śrīmad bhagavadgītāsu upaniṣatsu
brahmavidyāyāṃ yogaśāstre śrī-kṛṣṇārjuna-saṃvāde
rāja-vidyā-rāja-guhya-yogo nāma navamo 'dhyāyaḥ ll

Chapter 10

Atha Daśamo 'dhyāyaḥ
Vibhūti–Yogaḥ (42 *Ślokāḥ*)

śrī-bhagavān uvāca
bhūya eva mahābāho
śṛṇu me paramaṃ vacaḥ
yat te 'haṃ prīyamāṇāya
vakṣyāmi hitakāmyayā 10-1

na me viduḥ suragaṇāḥ
prabhavaṃ na maharṣayaḥ
aham ādir hi devānāṃ
maharṣīṇāṃ ca sarvaśaḥ 10-2

yo mām ajam anādiṃ ca
vetti lokamaheśvaram
asammūḍhaḥ sa martyeṣu
sarvapāpaiḥ pramucyate 10-3

buddhir jñānam asammohaḥ
kṣamā satyaṃ damaḥ śamaḥ
sukhaṃ duḥkhaṃ bhavo 'bhāvo
bhayaṃ cābhayam eva ca 10-4

ahiṃsā samatā tuṣṭis
tapo dānaṃ yaśo 'yaśaḥ
bhavanti bhāvā bhūtānāṃ
matta eva pṛthagvidhāḥ 10-5

maharṣayaḥ sapta pūrve
catvāro manavas tathā
madbhāvā mānasā jātā
yeṣāṃ loka imāḥ prajāḥ 10-6

etāṃ vibhūtiṃ yogaṃ ca
mama yo vetti tattvataḥ
so 'vikampena yogena
yujyate nātra saṃśayaḥ 10-7

ahaṃ sarvasya prabhavo
mattaḥ sarvaṃ pravartate
iti matvā bhajante māṃ
budhā bhāvasamanvitāḥ 10-8

maccittā madgataprāṇā
bodhayantaḥ parasparam
kathayantaś ca māṃ nityaṃ
tuṣyanti ca ramanti ca 10-9

teṣāṃ satatayuktānāṃ
bhajatāṃ prītipūrvakam
dadāmi buddhiyogaṃ taṃ
yena mām upayānti te 10-10

teṣām evānukampārtham
aham ajñānajaṃ tamaḥ
nāśayāmy ātmabhāvastho
jñānadīpena bhāsvatā 10-11

arjuna uvāca
paraṃ brahma paraṃ dhāma
pavitraṃ paramaṃ bhavān
puruṣaṃ śāśvataṃ divyam
ādi-devam ajaṃ vibhum 10-12

āhus tvām ṛṣayaḥ sarve
devarṣir nāradas tathā
asito devalo vyāsaḥ
svayaṃ caiva bravīṣi me 10-13

sarvam etad ṛtaṃ manye
yan māṃ vadasi keśava
na hi te bhagavan vyaktiṃ
vidur devā na dānavāḥ 10-14

svayam evātmanātmānaṃ
vettha tvaṃ puruṣottama
bhūtabhāvana bhūteśa
devadeva jagatpate 10-15

vaktum arhasy aśeṣeṇa
divyā hy ātmavibhūtayaḥ
yābhir vibhūtibhir lokān
imāṃs tvaṃ vyāpya tiṣṭhasi 10-16

kathaṃ vidyām ahaṃ yogiṃs
tvāṃ sadā paricintayan
keṣu keṣu ca bhāveṣu
cintyo 'si bhagavan mayā 10-17

vistareṇātmano yogaṃ
vibhūtiṃ ca janārdana
bhūyaḥ kathaya tṛptir hi
śṛṇvato nāsti me 'mṛtam 10-18

śrī-bhagavān uvāca
hanta te kathayiṣyāmi
divyā hy ātmavibhūtayaḥ
prādhānyataḥ kuruśreṣṭha
nāsty anto vistarasya me 10-19

aham ātmā guḍākeśa
sarvabhūtāśayasthitaḥ
aham ādiś ca madhyaṃ ca
bhūtānām anta eva ca 10-20

ādityānām ahaṃ viṣṇur
jyotiṣāṃ ravir aṃśumān
marīcir marutām asmi
nakṣatrāṇām ahaṃ śaśī 10-21

vedānāṃ sāmavedo 'smi
devānām asmi vāsavaḥ
indriyāṇāṃ manaś cāsmi
bhūtānām asmi cetanā 10-22

rudrāṇāṃ śaṅkaraś cāsmi
vitteśo yakṣarakṣasām
vasūnāṃ pāvakaś cāsmi
meruḥ śikhariṇām aham 10-23

purodhasāṃ ca mukhyaṃ māṃ
viddhi pārtha bṛhaspatim
senānīnām ahaṃ skandaḥ
sarasām asmi sāgaraḥ 10-24

maharṣīṇāṃ bhṛgur ahaṃ
girām asmy ekam akṣaram
yajñānāṃ japayajño 'smi
sthāvarāṇāṃ himālayaḥ 10-25

aśvatthaḥ sarvavṛkṣāṇāṃ
devarṣīṇāṃ ca nāradaḥ
gandharvāṇāṃ citrarathaḥ
siddhānāṃ kapilo muniḥ 10-26

uccaiḥśravasam aśvānāṃ
viddhi mām amṛtodbhavam
airāvataṃ gajendrāṇāṃ
narāṇāṃ ca narādhipam 10-27

āyudhānām ahaṃ vajraṃ
dhenūnām asmi kāmadhuk
prajanaś cāsmi kandarpaḥ
sarpāṇām asmi vāsukiḥ 10-28

anantaś cāsmi nāgānāṃ
varuṇo yādasām aham
pitṝṇām aryamā cāsmi
yamaḥ saṃyamatām aham 10-29

prahlādaś cāsmi daityānāṃ
kālaḥ kalayatām aham
mṛgāṇāṃ ca mṛgendro 'haṃ
vainateyaś ca pakṣiṇām 10-30

pavanaḥ pavatām asmi
rāmaḥ śastrabhṛtām aham
jhaṣāṇāṃ makaraś cāsmi
srotasām asmi jāhnavī 10-31

sargāṇām ādir antaś ca
madhyaṃ caivāham arjuna
adhyātmavidyā vidyānāṃ
vādaḥ pravadatām aham 10-32

akṣarāṇām akāro 'smi
dvandvaḥ sāmāsikasya ca
aham evākṣayaḥ kālo
dhātāhaṃ viśvatomukhaḥ 10-33

mṛtyuḥ sarvaharaś cāham
udbhavaś ca bhaviṣyatām
kīrtiḥ śrīr vāk ca nārīṇāṃ
smṛtir medhā dhṛtiḥ kṣamā 10-34

bṛhatsāma tathā sāmnāṃ
gāyatrī chandasām aham
māsānāṃ mārgaśīrṣo 'ham
ṛtūnāṃ kusumākaraḥ 10-35

dyūtaṃ chalayatām asmi
tejas tejasvinām aham
jayo 'smi vyavasāyo 'smi
sattvaṃ sattvavatām aham 10-36

vṛṣṇīnām vāsudevo 'smi
pāṇḍavānāṃ dhanañjayaḥ
munīnām apy ahaṃ vyāsaḥ
kavīnām uśanā kaviḥ 10-37

daṇḍo damayatām asmi
nītir asmi jigīṣatām
maunaṃ caivāsmi guhyānāṃ
jñānaṃ jñānavatām aham 10-38

yac cāpi sarvabhūtānāṃ
bījaṃ tad aham arjuna
na tad asti vinā yat syān
mayā bhūtaṃ carācaram 10-39

nānto 'sti mama divyānāṃ
vibhūtīnāṃ parantapa
eṣa tūddeśataḥ prokto
vibhūter vistaro mayā 10-40

yad yad vibhūtimat sattvaṃ
śrīmad ūrjitam eva vā
tat tad evāvagaccha tvaṃ
mama tejo 'ṃśasambhavam 10-41

athavā bahunaitena
kiṃ jñātena tavārjuna
viṣṭabhyāham idaṃ kṛtsnam
ekāṃśena sthito jagat 10-42

---

oṃ tat sad iti śrīmad bhagavadgītāsu upaniṣatsu
brahmavidyāyāṃ yogaśāstre śrī-kṛṣṇārjuna-saṃvāde
vibhūti-yogo nāma daśamo 'dhyāyaḥ ||

Chapter 11

Atha Ekādaśo 'dhyāyaḥ
Viśvarūpa-Darśana-Yogaḥ (55 *Ślokāḥ*)

arjuna uvāca

mad-anugrahāya paramaṃ
guhyam adhyātmasaṃjñitam
yat tvayoktaṃ vacas tena
moho 'yaṃ vigato mama 11-1

bhavāpyayau hi bhūtānāṃ
śrutau vistaraśo mayā
tvattaḥ kamalapatrākṣa
māhātmyam api cāvyayam 11-2

evam etad yathāttha tvam
ātmānaṃ parameśvara
draṣṭum icchāmi te rūpam
aiśvaraṃ puruṣottama 11-3

manyase yadi tac chakyaṃ
mayā draṣṭum iti prabho
yogeśvara tato me tvaṃ
darśayātmānam avyayam 11-4

śrī-bhagavān uvāca
paśya me pārtha rūpāṇi
śataśo 'tha sahasraśaḥ
nānāvidhāni divyāni
nānāvarṇākṛtīni ca 11-5

paśyādityān vasūn rudrān
aśvinau marutas tathā
bahūny adṛṣṭapūrvāṇi
paśyāścaryāṇi bhārata 11-6

ihaikasthaṃ jagat kṛtsnaṃ
paśyādya sacarācaram
mama dehe guḍākeśa
yac cānyad draṣṭum icchasi 11-7

na tu māṃ śakyase draṣṭum
anenaiva svacakṣuṣā
divyaṃ dadāmi te cakṣuḥ
paśya me yogam aiśvaram 11-8

sañjaya uvāca
evam uktvā tato rājan
mahāyogeśvaro hariḥ
darśayām āsa pārthāya
paramaṃ rūpam aiśvaram 11-9

anekavaktranayanam
anekādbhutadarśanam
anekadivyābharaṇaṃ
divyānekodyatāyudham 11-10

divyamālyāmbaradharaṃ
divyagandhānulepanam
sarvāścaryamayaṃ devam
anantaṃ viśvatomukham 11-11

divi sūryasahasrasya
bhaved yugapad utthitā
yadi bhāḥ sadṛśī sā syād
bhāsas tasya mahātmanaḥ 11-12

tatraikasthaṃ jagat kṛtsnaṃ
pravibhaktam anekadhā
apaśyad devadevasya
śarīre pāṇḍavas tadā 11-13

tataḥ sa vismayāviṣṭo
hṛṣṭaromā dhanañjayaḥ
praṇamya śirasā devaṃ
kṛtāñjalir abhāṣata 11-14

arjuna uvāca
paśyāmi devāṃs tava deva dehe
sarvāṃs tathā bhūtaviśeṣasaṅghān
brahmāṇam īśaṃ kamalāsanastham
ṛṣīṃś ca sarvān uragāṃś ca divyān 11-15

anekabāhūdaravaktranetraṃ
paśyāmi tvāṃ sarvato 'nantarūpam
nāntaṃ na madhyaṃ na punas tavādiṃ
paśyāmi viśveśvara viśvarūpa 11-16

kirīṭinaṃ gadinaṃ cakriṇaṃ ca
tejorāśiṃ sarvato dīptimantam
paśyāmi tvāṃ durnirīkṣyaṃ samantād
dīptānalārkadyutim aprameyam 11-17

tvam akṣaraṃ paramaṃ veditavyaṃ
tvam asya viśvasya paraṃ nidhānam
tvam avyayaḥ śāśvatadharmagoptā
sanātanas tvaṃ puruṣo mato me 11-18

anādimadhyāntam anantavīryam
anantabāhuṃ śaśisūryanetram
paśyāmi tvāṃ dīptahutāśavaktraṃ
svatejasā viśvam idaṃ tapantam 11-19

dyāvāpṛthivyor idam antaraṃ hi
vyāptaṃ tvayaikena diśaś ca sarvāḥ
dṛṣṭvādbhutaṃ rūpam ugraṃ tavedam
lokatrayaṃ pravyathitaṃ mahātman 11-20

amī hi tvāṃ surasaṅghā viśanti
kecid bhītāḥ prāñjalayo gṛṇanti
svastīty uktvā maharṣisiddhasaṅghāḥ
stuvanti tvāṃ stutibhiḥ puṣkalābhiḥ 11-21

rudrādityā vasavo ye ca sādhyā
viśve 'śvinau marutaś coṣmapāś ca
gandharvayakṣāsurasiddhasaṅghāḥ
vīkṣante tvāṃ vismitāś caiva sarve 11-22

rūpaṃ mahat te bahuvaktranetraṃ
mahābāho bahubāhūrupādam
bahūdaraṃ bahudaṃṣṭrākarālaṃ
dṛṣṭvā lokāḥ pravyathitās tathāham 11-23

nabhaḥspṛśaṃ dīptam anekavarṇaṃ
vyāttānanaṃ dīptaviśālanetram
dṛṣṭvā hi tvāṃ pravyathitāntarātmā
dhṛtiṃ na vindāmi śamaṃ ca viṣṇo 11-24

daṃṣṭrākarālāni ca te mukhāni
dṛṣṭvaiva kālānalasannibhāni
diśo na jāne na labhe ca śarma
prasīda deveśa jagannivāsa 11-25

amī ca tvāṃ dhṛtarāṣṭrasya putrāḥ
sarve sahaivāvanipālasaṅghaiḥ
bhīṣmo droṇaḥ sūtaputras tathāsau
sahāsmadīyair api yodhamukhyaiḥ 11-26

vaktrāṇi te tvaramāṇā viśanti
daṃṣṭrākarālāni bhayānakāni
kecid vilagnā daśanāntareṣu
sandṛśyante cūrṇitair uttamāṅgaiḥ 11-27

yathā nadīnāṃ bahavo 'mbuvegāḥ
samudram evābhimukhā dravanti
tathā tavāmī naralokavīrā
viśanti vaktrāṇy abhivijvalanti 11-28

yathā pradīptaṃ jvalanaṃ pataṅgā
viśanti nāśāya samṛddhavegāḥ
tathaiva nāśāya viśanti lokās
tavāpi vaktrāṇi samṛddhavegāḥ 11-29

**lelihyase grasamānaḥ samantāl
lokān samagrān vadanair jvaladbhiḥ
tejobhir āpūrya jagat samagraṃ
bhāsas tavogrāḥ pratapanti viṣṇo 11-30**

**ākhyāhi me ko bhavān ugrarūpo
namo 'stu te devavara prasīda
vijñātum icchāmi bhavantam ādyaṃ
na hi prajānāmi tava pravṛttim 11-31**

śrī-bhagavān uvāca
**kālo 'smi lokakṣayakṛt pravṛddho
lokān samāhartum iha pravṛttaḥ
ṛte 'pi tvāṃ na bhaviṣyanti sarve
ye 'vasthitāḥ pratyanīkeṣu yodhāḥ 11-32**

**tasmāt tvam uttiṣṭha yaśo labhasva
jitvā śatrūn bhuṅkṣva rājyaṃ samṛddham
mayaivaite nihatāḥ pūrvam eva
nimittamātraṃ bhava savyasācin 11-33**

**droṇaṃ ca bhīṣmaṃ ca jayadrathaṃ ca
karṇaṃ tathānyān api yodhavīrān
mayā hatāṃs tvaṃ jahi mā vyathiṣṭhā
yudhyasva jetāsi raṇe sapatnān 11-34**

sañjaya uvāca
etac chrutvā vacanaṃ keśavasya
kṛtāñjalir vepamānaḥ kirīṭī
namaskṛtvā bhūya evāha kṛṣṇaṃ
sagadgadaṃ bhītabhītaḥ praṇamya 11-35

arjuna uvāca
sthāne hṛṣīkeśa tava prakīrtyā
jagat prahṛṣyaty anurajyate ca
rakṣāṃsi bhītāni diśo dravanti
sarve namasyanti ca siddhasaṅghāḥ 11-36

kasmāc ca te na nameran mahātman
garīyase brahmaṇo 'py ādikartre
ananta deveśa jagannivāsa
tvam akṣaraṃ sad asat tat paraṃ yat 11-3

tvam ādidevaḥ puruṣaḥ purāṇas
tvam asya viśvasya paraṃ nidhānam
vettāsi vedyaṃ ca paraṃ ca dhāma
tvayā tataṃ viśvam anantarūpa 11-38

vāyur yamo 'gnir varuṇaḥ śaśāṅkaḥ
prajāpatis tvaṃ prapitāmahaś ca
namo namas te 'stu sahasrakṛtvaḥ
punaś ca bhūyo 'pi namo namas te 11-39

namaḥ purastād atha pṛṣṭhatas te
namo 'stu te sarvata eva sarva
anantavīryāmitavikramas tvaṃ
sarvaṃ samāpnoṣi tato 'si sarvaḥ 11-40

sakheti matvā prasabhaṃ yad uktaṃ
he kṛṣṇa he yādava he sakheti
ajānatā mahimānaṃ tavedaṃ
mayā pramādāt praṇayena vāpi 11-41

yac cāvahāsārtham asatkṛto 'si
vihāraśayyāsanabhojaneṣu
eko 'thavāpy acyuta tatsamakṣaṃ
tat kṣāmaye tvām aham aprameyam 11-42

pitāsi lokasya carācarasya
tvam asya pūjyaś ca gurur garīyān
na tvatsamo 'sty abhyadhikaḥ kuto 'nyo
lokatraye 'py apratimaprabhāva 11-43

tasmāt praṇamya praṇidhāya kāyaṃ
prasādaye tvām aham īśam īḍyam
piteva putrasya sakheva sakhyuḥ
priyaḥ priyāyārhasi deva soḍhum 11-44

**adṛṣṭapūrvaṃ hṛṣito 'smi dṛṣṭvā
bhayena ca pravyathitaṃ mano me
tad eva me darśaya deva rūpaṃ
prasīda deveśa jagannivāsa 11-45**

**kirīṭinaṃ gadinaṃ cakrahastaṃ
icchāmi tvāṃ draṣṭum ahaṃ tathaiva
tenaiva rūpeṇa caturbhujena
sahasrabāho bhava viśvamūrte 11-46**

śrī-bhagavān uvāca
**mayā prasannena tavārjunedaṃ
rūpaṃ paraṃ darśitam ātmayogāt
tejomayaṃ viśvam anantam ādyaṃ
yan me tvad anyena na dṛṣṭapūrvam 11-47**

**na vedayajñādhyayanair na dānaiḥ
na ca kriyābhir na tapobhir ugraiḥ
evaṃrūpaḥ śakya ahaṃ nṛloke
draṣṭuṃ tvad anyena kurupravīra 11-48**

**mā te vyathā mā ca vimūḍhabhāvo
dṛṣṭvā rūpaṃ ghoram īdṛṅ mamedam
vyapetabhīḥ prītamanāḥ punas tvaṃ
tad eva me rūpam idaṃ prapaśya 11-49**

sañjaya uvāca
ity arjunaṃ vāsudevas tathoktvā
svakaṃ rūpaṃ darśayām āsa bhūyaḥ
āśvāsayām āsa ca bhītam enaṃ
bhūtvā punaḥ saumyavapur mahātmā 11-50

arjuna uvāca
dṛṣṭvedaṃ mānuṣaṃ rūpaṃ
tava saumyaṃ janārdana
idānīm asmi saṃvṛttaḥ
sacetāḥ prakṛtiṃ gataḥ 11-51

śrī-bhagavān uvāca
sudurdarśam idaṃ rūpaṃ
dṛṣṭavān asi yan mama
devā apy asya rūpasya
nityaṃ darśanakāṅkṣiṇaḥ 11-52

nāhaṃ vedair na tapasā
na dānena na cejyayā
śakya evaṃvidho draṣṭuṃ
dṛṣṭavān asi māṃ yathā 11-53

bhaktyā tv ananyayā śakya
aham evaṃvidho 'rjuna
jñātuṃ draṣṭuṃ ca tattvena
praveṣṭuṃ ca parantapa 11-54

matkarmakṛn matparamo
madbhaktaḥ saṅgavarjitaḥ
nirvairaḥ sarvabhūteṣu
yaḥ sa mām eti pāṇḍava 11-55

---

oṃ tat sad iti śrīmad bhagavadgītāsu upaniṣatsu
brahmavidyāyāṃ yogaśāstre śrī-kṛṣṇārjuna-saṃvāde
viśvarūpa-darśana-yogo nāma ekādaśo 'dhyāyaḥ ||

Chapter 12

Atha Dvādaśo 'dhyāyaḥ
Bhakti-Yogaḥ (20 Ślokāḥ)

---

arjuna uvāca
evaṃ satatayuktā ye
bhaktās tvāṃ paryupāsate
ye cāpy akṣaram avyaktam
teṣāṃ ke yogavittamāḥ 12-1

śrī-bhagavān uvāca
mayy āveśya mano ye māṃ
nityayuktā upāsate
śraddhayā parayopetās
te me yuktatamā matāḥ 12-2

ye tv akṣaram anirdeśyam
avyaktaṃ paryupāsate
sarvatragam acintyaṃ ca
kūṭastham acalaṃ dhruvam 12-3

sanniyamyendriyagrāmaṃ
sarvatra samabuddhayaḥ
te prāpnuvanti mām eva
sarvabhūtahite ratāḥ 12-4

kleśo 'dhikataras teṣām
avyaktāsaktacetasām
avyaktā hi gatir duḥkhaṃ
dehavadbhir avāpyate 12-5

ye tu sarvāṇi karmāṇi
mayi saṃnyasya matparāḥ
ananyenaiva yogena
māṃ dhyāyanta upāsate 12-6

teṣām ahaṃ samuddhartā
mṛtyusaṃsārasāgarāt
bhavāmi na cirāt pārtha
mayy āveśitacetasām 12-7

mayy eva mana ādhatsva
mayi buddhiṃ niveśaya
nivasiṣyasi mayy eva
ata ūrdhvaṃ na saṃśayaḥ 12-8

atha cittaṃ samādhātuṃ
na śaknoṣi mayi sthiram
abhyāsayogena tato
mām icchāptuṃ dhanañjaya 12-9

abhyāse 'py asamartho 'si
matkarmaparamo bhava
madartham api karmāṇi
kurvan siddhim avāpsyasi 12-10

athaitad apy aśakto 'si
kartuṃ madyogam āśritaḥ
sarvakarmaphalatyāgaṃ
tataḥ kuru yatātmavān 12-11

śreyo hi jñānam abhyāsāj
jñānād dhyānaṃ viśiṣyate
dhyānāt karmaphalatyāgas
tyāgāc chāntir anantaram 12-12

adveṣṭā sarvabhūtānāṃ
maitraḥ karuṇa eva ca
nirmamo nirahaṅkāraḥ
samaduḥkhasukhaḥ kṣamī 12-13

santuṣṭaḥ satataṃ yogī
yatātmā dṛḍhaniścayaḥ
mayy arpita-manobuddhir
yo madbhaktaḥ sa me priyaḥ 12-14

yasmān nodvijate loko
lokān nodvijate ca yaḥ
harṣāmarṣabhayodvegair
mukto yaḥ sa ca me priyaḥ 12-15

anapekṣaḥ śucir dakṣa
udāsīno gatavyathaḥ
sarvārambhaparityāgī
yo madbhaktaḥ sa me priyaḥ 12-16

yo na hṛṣyati na dveṣṭi
na śocati na kāṅkṣati
śubhāśubhaparityāgī
bhaktimān yaḥ sa me priyaḥ 12-17

samaḥ śatrau ca mitre ca
tathā mānāpamānayoḥ
śītoṣṇasukhaduḥkheṣu
samaḥ saṅgavivarjitaḥ 12-18

tulyanindāstutir maunī
santuṣṭo yena kenacit
aniketaḥ sthiramatir
bhaktimān me priyo naraḥ 12-19

ye tu dharmyāmṛtam idaṃ
yathoktaṃ paryupāsate
śraddadhānā matparamā
bhaktās te 'tīva me priyāḥ 12-20

---

oṃ tat sad iti śrīmad bhagavadgītāsu upaniṣatsu
brahmavidyāyāṃ yogaśāstre śrī-kṛṣṇārjuna-saṃvāde
bhakti-yogo nāma dvādaśo 'dhyāyaḥ ||

Chapter 13

Atha Trayodaśo 'dhyāyaḥ
Kṣetra–Kṣetrajña–Vibhāga–Yogaḥ (35 Ślokas)

---

arjuna uvāca
prakṛtiṃ puruṣaṃ caiva
kṣetraṃ kṣetrajñam eva ca
etad veditum icchāmi
jñānaṃ jñeyaṃ ca keśava 13-1

śrī-bhagavān uvāca
idaṃ śarīraṃ kaunteya
kṣetram ity abhidhīyate
etad yo vetti taṃ prāhuḥ
kṣetrajña iti tadvidaḥ 13-2

kṣetrajñaṃ cāpi māṃ viddhi
sarvakṣetreṣu bhārata
kṣetrakṣetrajñayor jñānaṃ
yat taj jñānaṃ mataṃ mama 13-3

tat kṣetraṃ yac ca yādṛk ca
yad vikāri yataś ca yat
sa ca yo yat prabhāvaś ca
tat samāsena me śṛṇu 13-4

ṛṣibhir bahudhā gītaṃ
chandobhir vividhaiḥ pṛthak
brahmasūtrapadaiś caiva
hetumadbhir viniścitaiḥ 13-5

mahābhūtāny ahaṅkāro
buddhir avyaktam eva ca
indriyāṇi daśaikaṃ ca
pañca cendriyagocarāḥ 13-6

icchā dveṣaḥ sukhaṃ duḥkhaṃ
saṅghātaś cetanā dhṛtiḥ
etat kṣetraṃ samāsena
savikāram udāhṛtam 13-7

amānitvam adambhitvam
ahiṃsā kṣāntir ārjavam
ācāryopāsanaṃ śaucaṃ
sthairyam ātmavinigrahaḥ 13-8

indriyārtheṣu vairāgyam
anahaṅkāra eva ca
janmamṛtyujarāvyādhi-
duḥkhadoṣānudarśanam 13-9

asaktir anabhiṣvaṅgaḥ
putradāragṛhādiṣu
nityaṃ ca samacittatvam
iṣṭāniṣṭopapattiṣu 13-10

mayi cānanyayogena
bhaktir avyabhicāriṇī
viviktadeśasevitvam
aratir janasaṃsadi 13-11

adhyātmajñānanityatvaṃ
tattvajñānārthadarśanam
etaj jñānam iti proktam
ajñānaṃ yad ato 'nyathā 13-12

jñeyaṃ yat tat pravakṣyāmi
yaj jñātvāmṛtam aśnute
anādimat paraṃ brahma
na sat tan nāsad ucyate 13-13

sarvataḥ pāṇipādaṃ tat
sarvato 'kṣiśiromukham
sarvataḥ śrutimal loke
sarvam āvṛtya tiṣṭhati 13-14

sarvendriyaguṇābhāsaṃ
sarvendriyavivarjitam
asaktaṃ sarvabhṛc caiva
nirguṇaṃ guṇabhoktṛ ca 13-15

bahir antaś ca bhūtānām
acaraṃ caram eva ca
sūkṣmatvāt tad avijñeyaṃ
dūrasthaṃ cāntike ca tat 13-16

avibhaktaṃ ca bhūteṣu
vibhaktam iva ca sthitam
bhūtabhartṛ ca taj jñeyaṃ
grasiṣṇu prabhaviṣṇu ca 13-17

jyotiṣām api taj jyotis
tamasaḥ param ucyate
jñānaṃ jñeyaṃ jñānagamyaṃ
hṛdi sarvasya viṣṭhitam 13-18

iti kṣetraṃ tathā jñānaṃ
jñeyaṃ coktaṃ samāsataḥ
madbhakta etad vijñāya
madbhāvāyopapadyate 13-19

prakṛtiṃ puruṣaṃ caiva
viddhy anādī ubhāv api
vikārāṃś ca guṇāṃś caiva
viddhi prakṛtisambhavān 13-20

kāryakāraṇakartṛtve
hetuḥ prakṛtir ucyate
puruṣaḥ sukhaduḥkhānāṃ
bhoktṛtve hetur ucyate 13-21

puruṣaḥ prakṛtistho hi
bhuṅkte prakṛtijān guṇān
kāraṇaṃ guṇasaṅgo 'sya
sadasadyonijanmasu 13-22

upadraṣṭānumantā ca
bhartā bhoktā maheśvaraḥ
paramātmeti cāpy ukto
dehe 'smin puruṣaḥ paraḥ 13-23

ya evaṃ vetti puruṣaṃ
prakṛtiṃ ca guṇaiḥ saha
sarvathā vartamāno 'pi
na sa bhūyo 'bhijāyate 13-24

dhyānenātmani paśyanti
kecid ātmānam ātmanā
anye sāṅkhyena yogena
karmayogena cāpare 13-25

anye tv evam ajānantaḥ
śrutvānyebhya upāsate
te 'pi cātitaranty eva
mṛtyuṃ śrutiparāyaṇāḥ 13-26

yāvat sañjāyate kiñcit
sattvaṃ sthāvarajaṅgamam
kṣetrakṣetrajñasaṃyogāt
tad viddhi bharatarṣabha 13-27

samaṃ sarveṣu bhūteṣu
tiṣṭhantaṃ parameśvaram
vinaśyatsv avinaśyantaṃ
yaḥ paśyati sa paśyati 13-28

samaṃ paśyan hi sarvatra
samavasthitam īśvaram
na hinasty ātmanātmānaṃ
tato yāti parāṃ gatim 13-29

prakṛtyaiva ca karmāṇi
kriyamāṇāni sarvaśaḥ
yaḥ paśyati tathātmānam
akartāraṃ sa paśyati 13-30

yadā bhūtapṛthagbhāvam
ekastham anupaśyati
tata eva ca vistāraṃ
brahma sampadyate tadā 13-31

anāditvān nirguṇatvāt
paramātmāyam avyayaḥ
śarīrastho 'pi kaunteya
na karoti na lipyate 13-32

yathā sarvagataṃ saukṣmyād
ākāśaṃ nopalipyate
sarvatrāvasthito dehe
tathātmā nopalipyate 13-33

yathā prakāśayaty ekaḥ
kṛtsnaṃ lokam imaṃ raviḥ
kṣetraṃ kṣetrī tathā kṛtsnaṃ
prakāśayati bhārata 13-34

kṣetrakṣetrajñayor evam
antaraṃ jñānacakṣuṣā
bhūtaprakṛtimokṣaṃ ca
ye vidur yānti te param 13-35

---

oṃ tat sad iti śrīmad bhagavadgītāsu upaniṣatsu
brahmavidyāyāṃ yogaśāstre śrī-kṛṣṇārjuna-saṃvāde
kṣetra-kṣetrajña-vibhāga-yogo nāma trayodaśo 'dhyāyaḥ

Chapter 14

Atha Caturdaśo 'dhyāyaḥ
Guṇa–Traya–Vibhāga–Yogaḥ (27 *Ślokāḥ*)

śrī-bhagavān uvāca
paraṃ bhūyaḥ pravakṣyāmi
jñānānāṃ jñānam uttamam
yaj jñātvā munayaḥ sarve
parāṃ siddhim ito gatāḥ 14-1

idaṃ jñānam upāśritya
mama sādharmyam āgatāḥ
sarge 'pi nopajāyante
pralaye na vyathanti ca 14-2

mama yonir mahad brahma
tasmin garbhaṃ dadhāmy aham
sambhavaḥ sarvabhūtānāṃ
tato bhavati bhārata 14-3

sarvayoniṣu kaunteya
mūrtayaḥ sambhavanti yāḥ
tāsāṃ brahma mahad yonir
ahaṃ bījapradaḥ pitā 14-4

sattvaṃ rajas tama iti
guṇāḥ prakṛtisambhavāḥ
nibadhnanti mahābāho
dehe dehinam avyayam 14-5

tatra sattvaṃ nirmalatvāt
prakāśakam anāmayam
sukhasaṅgena badhnāti
jñānasaṅgena cānagha 14-6

rajo rāgātmakaṃ viddhi
tṛṣṇāsaṅgasamudbhavam
tan nibadhnāti kaunteya
karmasaṅgena dehinam 14-7

tamas tv ajñānajaṃ viddhi
mohanaṃ sarvadehinām
pramādālasyanidrābhis
tan nibadhnāti bhārata 14-8

sattvaṃ sukhe sañjayati
rajaḥ karmaṇi bhārata
jñānam āvṛtya tu tamaḥ
pramāde sañjayaty uta 14-9

rajas tamaś cābhibhūya
sattvaṃ bhavati bhārata
rajaḥ sattvaṃ tamaś caiva
tamaḥ sattvaṃ rajas tathā 14-10

sarvadvāreṣu dehe 'smin
prakāśa upajāyate
jñānaṃ yadā tadā vidyād
vivṛddhaṃ sattvam ity uta 14-11

lobhaḥ pravṛttir ārambhaḥ
karmaṇām aśamaḥ spṛhā
rajasy etāni jāyante
vivṛddhe bharatarṣabha 14-12

aprakāśo 'pravṛttiś ca
pramādo moha eva ca
tamasy etāni jāyante
vivṛddhe kurunandana 14-13

yadā sattve pravṛddhe tu
pralayaṃ yāti dehabhṛt
tadottamavidāṃ lokān
amalān pratipadyate 14-14

rajasi pralayaṃ gatvā
karmasaṅgiṣu jāyate
tathā pralīnas tamasi
mūḍhayoniṣu jāyate 14-15

karmaṇaḥ sukṛtasyāhuḥ
sāttvikaṃ nirmalaṃ phalam
rajasas tu phalaṃ duḥkham
ajñānaṃ tamasaḥ phalam 14-16

sattvāt sañjāyate jñānaṃ
rajaso lobha eva ca
pramādamohau tamaso
bhavato 'jñānam eva ca 14-17

ūrdhvaṃ gacchanti sattvasthā
madhye tiṣṭhanti rājasāḥ
jaghanyaguṇavṛttisthā
adho gacchanti tāmasāḥ 14-18

nānyaṃ guṇebhyaḥ kartāraṃ
yadā draṣṭānupaśyati
guṇebhyaś ca paraṃ vetti
madbhāvaṃ so 'dhigacchati 14-19

guṇān etān atītya trīn
dehī dehasamudbhavān
janmamṛtyujarāduḥkhair
vimukto 'mṛtam aśnute 14-20

arjuna uvāca
kair liṅgais trīn guṇān etān
atīto bhavati prabho
kim ācāraḥ kathaṃ caitāṃs
trīn guṇān ativartate 14-21

śrī-bhagavān uvāca
prakāśaṃ ca pravṛttiṃ ca
moham eva ca pāṇḍava
na dveṣṭi sampravṛttāni
na nivṛttāni kāṅkṣati 14-22

udāsīnavad āsīno
guṇair yo na vicālyate
guṇā vartanta ity evaṃ
yo 'vatiṣṭhati neṅgate 14-23

samaduḥkhasukhaḥ svasthaḥ
samaloṣṭāśmakāñcanaḥ
tulyapriyāpriyo dhīras
tulyanindātmasaṃstutiḥ 14-24

mānāpamānayos tulyaḥ
tulyo mitrāripakṣayoḥ
sarvārambhaparityāgī
guṇātītaḥ sa ucyate 14-25

māṃ ca yo 'vyabhicāreṇa
bhaktiyogena sevate
sa guṇān samatītyaitān
brahmabhūyāya kalpate 14-26

brahmaṇo hi pratiṣṭhāham
amṛtasyāvyayasya ca
śāśvatasya ca dharmasya
sukhasyaikāntikasya ca 14-27

---

oṃ tat sad iti śrīmad bhagavadgītāsu upaniṣatsu
brahmavidyāyāṃ yogaśāstre śrī-kṛṣṇārjuna-saṃvāde
guṇa-traya-vibhāga-yogo nāma caturdaśo 'dhyāyaḥ ||

Chapter 15

Atha Pañcadaśo 'dhyāyaḥ
Puruṣottama–Yogaḥ (20 Ślokāḥ)

śrī-bhagavān uvāca
ūrdhvamūlam adhaḥśākham
aśvatthaṃ prāhur avyayam
chandāṃsi yasya parṇāni
yas taṃ veda sa vedavit 15-1

adhaś cordhvaṃ prasṛtās tasya
śākhā guṇapravṛddhā viṣayapravālāḥ
adhaś ca mūlāny anusantatāni
karmānubandhīni manuṣyaloke 15-2

na rūpam asyeha tathopalabhyate
nānto na cādir na ca sampratiṣṭhā
aśvattham enaṃ suvirūḍhamūlam
asaṅgaśastreṇa dṛḍhena chittvā 15-3

tataḥ padaṃ tat parimārgitavyaṃ
yasmin gatā na nivartanti bhūyaḥ
tam eva cādyaṃ puruṣaṃ prapadye
yataḥ pravṛttiḥ prasṛtā purāṇī 15-4

nirmānamohā jitasaṅgadoṣā
adhyātmanityā vinivṛttakāmāḥ
dvandvair vimuktāḥ sukhaduḥkhasaṃjñair
gacchanty amūḍhāḥ padam avyayaṃ tat 15-5

na tad bhāsayate sūryo
na śaśāṅko na pāvakaḥ
yad gatvā na nivartante
tad dhāma paramaṃ mama 15-6

mamaivāṃśo jīvaloke
jīvabhūtaḥ sanātanaḥ
manaḥṣaṣṭhānīndriyāṇi
prakṛtisthāni karṣati 15-7

śarīraṃ yad avāpnoti
yac cāpy utkrāmatīśvaraḥ
gṛhītvaitāni saṃyāti
vāyur gandhān ivāśayāt 15-8

śrotraṃ cakṣuḥ sparśanaṃ ca
rasanaṃ ghrāṇam eva ca
adhiṣṭhāya manaś cāyaṃ
viṣayān upasevate 15-9

utkrāmantaṃ sthitaṃ vāpi
bhuñjānaṃ vā guṇānvitam
vimūḍhā nānupaśyanti
paśyanti jñānacakṣuṣaḥ 15-10

yatanto yoginaś cainaṃ
paśyanty ātmany avasthitam
yatanto 'py akṛtātmāno
nainaṃ paśyanty acetasaḥ 15-11

yad ādityagataṃ tejo
jagad bhāsayate 'khilam
yac candramasi yac cāgnau
tat tejo viddhi māmakam 15-12

gām āviśya ca bhūtāni
dhārayāmy aham ojasā
puṣṇāmi cauṣadhīḥ sarvāḥ
somo bhūtvā rasātmakaḥ 15-13

ahaṃ vaiśvānaro bhūtvā
prāṇināṃ deham āśritaḥ
prāṇāpānasamāyuktaḥ
pacāmy annaṃ caturvidham 15-14

sarvasya cāhaṃ hṛdi sanniviṣṭo
mattaḥ smṛtir jñānam apohanaṃ ca
vedaiś ca sarvair aham eva vedyo
vedāntakṛd vedavid eva cāham 15-15

dvāv imau puruṣau loke
kṣaraś cākṣara eva ca
kṣaraḥ sarvāṇi bhūtāni
kūṭastho 'kṣara ucyate 15-16

uttamaḥ puruṣas tv anyaḥ
paramātmety udāhṛtaḥ
yo lokatrayam āviśya
bibharty avyaya īśvaraḥ 15-17

yasmāt kṣaram atīto 'ham
akṣarād api cottamaḥ
ato 'smi loke vede ca
prathitaḥ puruṣottamaḥ 15-18

yo mām evam asammūḍho
jānāti puruṣottamam
sa sarvavid bhajati māṃ
sarvabhāvena bhārata 15-19

**iti guhyatamaṃ śāstram
idam uktaṃ mayānagha
etad buddhvā buddhimān syāt
kṛtakṛtyaś ca bhārata 15-20**

---

*oṃ tat sad iti śrīmad bhagavadgītāsu upaniṣatsu
brahmavidyāyāṃ yogaśāstre śrī-kṛṣṇārjuna-saṃvāde
puruṣottama-yogo nāma pañcadaśo 'dhyāyaḥ* ||

Chapter 16

Atha Ṣoḍaśo 'dhyāyaḥ

Daivāsura–Sampad–Vibhāga–Yogaḥ (24 Ślokāḥ)

śrī-bhagavān uvāca
abhayaṃ sattvasaṃśuddhir
jñānayogavyavasthitiḥ
dānaṃ damaś ca yajñaś ca
svādhyāyas tapa ārjavam 16-1

ahiṃsā satyam akrodhas
tyāgaḥ śāntir apaiśunam
dayā bhūteṣv aloluptvaṃ
mārdavaṃ hrīr acāpalam 16-2

tejaḥ kṣamā dhṛtiḥ śaucam
adroho nātimānitā
bhavanti sampadaṃ daivīm
abhijātasya bhārata 16-3

dambho darpo 'bhimānaś ca
krodhaḥ pāruṣyam eva ca
ajñānaṃ cābhijātasya
pārtha sampadam āsurīm 16-4

daivī sampad vimokṣāya
nibandhāyāsurī matā
mā śucaḥ sampadaṃ daivīm
abhijāto 'si pāṇḍava 16-5

dvau bhūtasargau loke 'smin
daiva āsura eva ca
daivo vistaraśaḥ prokta
āsuraṃ pārtha me śṛṇu 16-6

pravṛttiṃ ca nivṛttiṃ ca
janā na vidur āsurāḥ
na śaucaṃ nāpi cācāro
na satyaṃ teṣu vidyate 16-7

asatyam apratiṣṭhaṃ te
jagad āhur anīśvaram
aparasparasambhūtaṃ
kim anyat kāmahaitukam 16-8

etāṃ dṛṣṭim avaṣṭabhya
naṣṭātmāno 'lpabuddhayaḥ
prabhavanty ugrakarmāṇaḥ
kṣayāya jagato 'hitāḥ 16-9

kāmam āśritya duṣpūraṃ
dambhamānamadānvitāḥ
mohād gṛhītvāsadgrāhān
pravartante 'śucivratāḥ 16-10

cintām aparimeyāṃ ca
pralayāntām upāśritāḥ
kāmopabhogaparamā
etāvad iti niścitāḥ 16-11

āśāpāśaśatair baddhāḥ
kāmakrodhaparāyaṇāḥ
īhante kāmabhogārtham
anyāyenārthasañcayān 16-12

idam adya mayā labdham
imaṃ prāpsye manoratham
idam astīdam api me
bhaviṣyati punar dhanam 16-13

asau mayā hataḥ śatrur
haniṣye cāparān api
īśvaro 'ham ahaṃ bhogī
siddho 'haṃ balavān sukhī 16-14

āḍhyo 'bhijanavān asmi
ko 'nyo 'sti sadṛśo mayā
yakṣye dāsyāmi modiṣya
ity ajñānavimohitāḥ 16-15

anekacittavibhrāntā
mohajālasamāvṛtāḥ
prasaktāḥ kāmabhogeṣu
patanti narake 'śucau 16-16

ātmasambhāvitāḥ stabdhā
dhanamānamadānvitāḥ
yajante nāmayajñais te
dambhenāvidhipūrvakam 16-17

ahaṅkāraṃ balaṃ darpaṃ
kāmaṃ krodhaṃ ca saṃśritāḥ
mām ātmaparadeheṣu
pradviṣanto 'bhyasūyakāḥ 16-18

tān ahaṃ dviṣataḥ krūrān
saṃsāreṣu narādhamān
kṣipāmy ajasram aśubhān
āsurīṣv eva yoniṣu 16-19

āsurīṃ yonim āpannā
mūḍhā janmani janmani
mām aprāpyaiva kaunteya
tato yānty adhamāṃ gatim 16-20

trividhaṃ narakasyedaṃ
dvāraṃ nāśanam ātmanaḥ
kāmaḥ krodhas tathā lobhas
tasmād etat trayaṃ tyajet 16-21

etair vimuktaḥ kaunteya
tamodvārais tribhir naraḥ
ācaraty ātmanaḥ śreyas
tato yāti parāṃ gatim 16-22

yaḥ śāstravidhim utsṛjya
vartate kāmakārataḥ
na sa siddhim avāpnoti
na sukhaṃ na parāṃ gatim 16-23

tasmāc chāstraṃ pramāṇaṃ te
kāryākāryavyavasthitau
jñātvā śāstravidhānoktaṃ
karma kartum ihārhasi 16-24

---

oṃ tat sad iti śrīmad bhagavadgītāsu upaniṣatsu
brahmavidyāyāṃ yogaśāstre śrī-kṛṣṇārjuna-saṃvāde
daivāsura-sampad-vibhāga-yogo nāma ṣoḍaśo 'dhyāyaḥ ||

Chapter 17

Atha Saptadaśo 'dhyāyaḥ
Śraddhā–Traya–Vibhāga–Yogaḥ (28 Ślokāḥ)

arjuna uvāca
ye śāstravidhim utsṛjya
yajante śraddhayānvitāḥ
teṣāṃ niṣṭhā tu kā kṛṣṇa
sattvam āho rajas tamaḥ 17-1

śrī-bhagavān uvāca
trividhā bhavati śraddhā
dehināṃ sā svabhāvajā
sāttvikī rājasī caiva
tāmasī ceti tāṃ śṛṇu 17-2

sattvānurūpā sarvasya
śraddhā bhavati bhārata
śraddhāmayo 'yaṃ puruṣo
yo yac chraddhaḥ sa eva saḥ 17-3

yajante sāttvikā devān
yakṣarakṣāṃsi rājasāḥ
pretān bhūtagaṇāṃś cānye
yajante tāmasā janāḥ 17-4

aśāstravihitaṃ ghoraṃ
tapyante ye tapo janāḥ
dambhāhaṅkārasaṃyuktāḥ
kāmarāgabalānvitāḥ 17-5

karṣayantaḥ śarīrasthaṃ
bhūtagrāmam acetasaḥ
māṃ caivāntaḥśarīrasthaṃ
tān viddhy āsuraniścayān 17-6

āhāras tv api sarvasya
trividho bhavati priyaḥ
yajñas tapas tathā dānaṃ
teṣāṃ bhedam imaṃ śṛṇu 17-7

āyuḥ-sattva-balārogya-
sukha-prīti-vivardhanāḥ
rasyāḥ snigdhāḥ sthirā hṛdyā
āhārāḥ sāttvika-priyāḥ 17-8

kaṭv aml lavaṇātyuṣṇa
tīkṣṇarūkṣavidāhinaḥ
āhārā rājasasyeṣṭā
duḥkhaśokāmayapradāḥ 17-9

yātayāmaṃ gatarasaṃ
pūti paryuṣitaṃ ca yat
ucchiṣṭam api cāmedhyaṃ
bhojanaṃ tāmasapriyam 17-10

aphalākāṅkṣibhir yajño
vidhidṛṣṭo ya ijyate
yaṣṭavyam eveti manaḥ
samādhāya sa sāttvikaḥ 17-11

abhisandhāya tu phalaṃ
dambhārtham api caiva yat
ijyate bharataśreṣṭha
taṃ yajñaṃ viddhi rājasam 17-12

vidhihīnam asṛṣṭānnaṃ
mantrahīnam adakṣiṇam
śraddhāvirahitaṃ yajñaṃ
tāmasaṃ paricakṣate 17-13

devadvijagurupṛājñapūjanaṃ
śaucam ārjavam
brahmacaryam ahiṃsā ca
śārīraṃ tapa ucyate 17-14

anudvegakaraṃ vākyaṃ
satyaṃ priyahitaṃ ca yat
svādhyāyābhyasanaṃ caiva
vāṅmayaṃ tapa ucyate 17-15

manaḥprasādaḥ saumyatvaṃ
maunam ātmavinigrahaḥ
bhāvasaṃśuddhir ity etat
tapo mānasam ucyate 17-16

śraddhayā parayā taptaṃ
tapas tat trividhaṃ naraiḥ
aphalākāṅkṣibhir yuktaiḥ
sāttvikaṃ paricakṣate 17-17

satkāramānapūjārthaṃ
tapo dambhena caiva yat
kriyate tad iha proktaṃ
rājasaṃ calam adhruvam 17-18

mūḍhagrāheṇātmano yat
pīḍayā kriyate tapaḥ
parasyotsādanārthaṃ vā
tat tāmasam udāhṛtam 17-19

dātavyam iti yad dānaṃ
dīyate 'nupakāriṇe
deśe kāle ca pātre ca
tad dānaṃ sāttvikaṃ smṛtam 17-20

yat tu pratyupakārārthaṃ
phalam uddiśya vā punaḥ
dīyate ca parikliṣṭaṃ
tad dānaṃ rājasaṃ smṛtam 17-21

adeśakāle yad dānam
apātrebhyaś ca dīyate
asatkṛtam avajñātaṃ
tat tāmasam udāhṛtam 17-22

oṃ tat sat iti nirdeśo
brahmaṇas trividhaḥ smṛtaḥ
brāhmaṇās tena vedāś ca
yajñāś ca vihitāḥ purā 17-23

tasmād om ity udāhṛtya
yajñadānatapaḥkriyāḥ
pravartante vidhānoktāḥ
satataṃ brahmavādinām 17-24

tad ity anabhisandhāya
phalaṃ yajñatapaḥkriyāḥ
dānakriyāś ca vividhāḥ
kriyante mokṣakāṅkṣibhiḥ 17-25

sadbhāve sādhubhāve ca
sad ity etat prayujyate
praśaste karmaṇi tathā
sacchabdaḥ pārtha yujyate 17-26

yajñe tapasi dāne ca
sthitiḥ sad iti cocyate
karma caiva tadarthīyaṃ
sad ity evābhidhīyate 17-27

aśraddhayā hutaṃ dattaṃ
tapas taptaṃ kṛtaṃ ca yat
asad ity ucyate pārtha
na ca tat pretya no iha 17-28

---

oṃ tat sad iti śrīmad bhagavadgītāsu upaniṣatsu
brahmavidyāyāṃ yogaśāstre śrī-kṛṣṇārjuna-saṃvāde
śraddhā-traya-vibhāga-yogo nāma saptadaśo 'dhyāyaḥ ||

Chapter 18

Atha Aṣṭādaśo 'dhyāyaḥ
Mokṣa–Saṃnyāsa–Yogaḥ (*78 Ślokāḥ*)

---

arjuna uvāca
saṃnyāsasya mahābāho
tattvam icchāmi veditum
tyāgasya ca hṛṣīkeśa
pṛthak keśiniṣūdana 18-1

śrī-bhagavān uvāca
kāmyānāṃ karmaṇāṃ nyāsaṃ
saṃnyāsaṃ kavayo viduḥ
sarvakarmaphalatyāgaṃ
prāhus tyāgaṃ vicakṣaṇāḥ 18-2

tyājyaṃ doṣavad ity eke
karma prāhur manīṣiṇaḥ
yajñadānatapaḥkarma
na tyājyam iti cāpare 18-3

niścayaṃ śṛṇu me tatra
tyāge bharatasattama
tyāgo hi puruṣavyāghra
trividhaḥ samprakīrtitaḥ 18-4

yajñadānatapaḥkarma
na tyājyaṃ kāryam eva tat
yajño dānaṃ tapaś caiva
pāvanāni manīṣiṇām 18-5

etāny api tu karmāṇi
saṅgaṃ tyaktvā phalāni ca
kartavyānīti me pārtha
niścitaṃ matam uttamam 18-6

niyatasya tu saṃnyāsaḥ
karmaṇo nopapadyate
mohāt tasya parityāgas
tāmasaḥ parikīrtitaḥ 18-7

duḥkham ity eva yat karma
kāyakleśabhayāt tyajet
sa kṛtvā rājasaṃ tyāgaṃ
naiva tyāgaphalaṃ labhet 18-8

kāryam ity eva yat karma
niyataṃ kriyate 'rjuna
saṅgaṃ tyaktvā phalaṃ caiva
sa tyāgaḥ sāttviko mataḥ 18-9

na dveṣṭy akuśalaṃ karma
kuśale nānuṣajjate
tyāgī sattvasamāviṣṭo
medhāvī chinnasaṃśayaḥ 18-10

na hi dehabhṛtā śakyaṃ
tyaktuṃ karmāṇy aśeṣataḥ
yas tu karmaphalatyāgī
sa tyāgīty abhidhīyate 18-11

aniṣṭam iṣṭaṃ miśraṃ ca
trividhaṃ karmaṇaḥ phalam
bhavaty atyāgināṃ pretya
na tu saṃnyāsināṃ kvacit 18-12

pañcaitāni mahābāho
kāraṇāni nibodha me
sāṅkhye kṛtānte proktāni
siddhaye sarvakarmaṇām 18-13

adhiṣṭhānaṃ tathā kartā
karaṇaṃ ca pṛthagvidham
vividhāś ca pṛthak ceṣṭā
daivaṃ caivātra pañcamam 18-14

śarīravāṅmanobhir yat
karma prārabhate naraḥ
nyāyyaṃ vā viparītaṃ vā
pañcaite tasya hetavaḥ 18-15

tatraivaṃ sati kartāram
ātmānaṃ kevalaṃ tu yaḥ
paśyaty akṛtabuddhitvān
na sa paśyati durmatiḥ 18-16

yasya nāhaṅkṛto bhāvo
buddhir yasya na lipyate
hatvā 'pi sa imān lokān
na hanti na nibadhyate 18-17

jñānaṃ jñeyaṃ parijñātā
trividhā karmacodanā
karaṇaṃ karma karteti
trividhaḥ karmasaṅgrahaḥ 18-18

jñānaṃ karma ca kartā ca
tridhaiva guṇabhedataḥ
procyate guṇasaṅkhyāne
yathāvac chṛṇu tāny api 18-19

sarvabhūteṣu yenaikaṃ
bhāvam avyayam īkṣate
avibhaktaṃ vibhakteṣu
taj jñānaṃ viddhi sāttvikam 18-20

pṛthaktvena tu yaj jñānaṃ
nānābhāvān pṛthagvidhān
vetti sarveṣu bhūteṣu
taj jñānaṃ viddhi rājasam 18-21

yattu kṛtsnavad ekasmin
kārye saktam ahaitukam
atattvārthavad alpaṃ ca
tat tāmasam udāhṛtam 18-22

niyataṃ saṅgarahitam
arāgadveṣataḥ kṛtam
aphalaprepsunā karma
yat tat sāttvikam ucyate 18-23

yattu kāmepsunā karma
sāhaṅkāreṇa vā punaḥ
kriyate bahulāyāsaṃ
tad rājasaṃ udāhṛtam 18-24

anubandhaṃ kṣayaṃ hiṃsām
anapekṣya ca pauruṣam
mohād ārabhyate karma
yat tat tāmasam ucyate 18-25

muktasaṅgo 'nahaṃvādī
dhṛtyutsāhasamanvitaḥ
siddhyasiddhyor nirvikāraḥ
kartā sāttvika ucyate 18-26

rāgī karmaphalaprepsur
lubdho hiṃsātmako 'śuciḥ
harṣaśokānvitaḥ kartā
rājasaḥ parikīrtitaḥ 18-27

ayuktaḥ prākṛtaḥ stabdhaḥ
śaṭho naiṣkṛtiko 'lasaḥ
viṣādī dīrghasūtrī ca
kartā tāmasa ucyate 18-28

buddher bhedaṃ dhṛteś caiva
guṇatas trividhaṃ śṛṇu
procyamānam aśeṣeṇa
pṛthaktvena dhanañjaya 18-29

pravṛttiṃ ca nivṛttiṃ ca
kāryākārye bhayābhaye
bandhaṃ mokṣaṃ ca yā vetti
buddhiḥ sā pārtha sāttvikī 18-30

yayā dharmam adharmaṃ ca
kāryaṃ cākāryam eva ca
ayathāvat prajānāti
buddhiḥ sā pārtha rājasī 18-31

adharmaṃ dharmam iti yā
manyate tamasāvṛtā
sarvārthān viparītāṃś ca
buddhiḥ sā pārtha tāmasī 18-32

dhṛtyā yayā dhārayate
manaḥprāṇendriyakriyāḥ
yogenāvyabhicāriṇyā
dhṛtiḥ sā pārtha sāttvikī 18-33

yayā tu dharmakāmārthān
dhṛtyā dhārayate 'rjuna
prasaṅgena phalākāṅkṣī
dhṛtiḥ sā pārtha rājasī 18-34

yayā svapnaṃ bhayaṃ śokaṃ
viṣādaṃ madam eva ca
na vimuñcati durmedhā
dhṛtiḥ sā pārtha tāmasī 18-35

sukhaṃ tv idānīṃ trividhaṃ
śṛṇu me bharatarṣabha
abhyāsād ramate yatra
duḥkhāntaṃ ca nigacchati 18-36

yat tad agre viṣam iva
pariṇāme 'mṛtopamam
tat sukhaṃ sāttvikaṃ proktam
ātmabuddhiprasādajam 18-37

viṣayendriyasaṃyogād
yat tad agre 'mṛtopamam
pariṇāme viṣam iva
tat sukhaṃ rājasaṃ smṛtam 18-38

yad agre cānubandhe ca
sukhaṃ mohanam ātmanaḥ
nidrālasyapramādotthaṃ
tat tāmasam udāhṛtam 18-39

na tad asti pṛthivyāṃ vā
divi deveṣu vā punaḥ
sattvaṃ prakṛtijair muktaṃ
yad ebhiḥ syāt tribhir guṇaiḥ 18-40

brāhmaṇakṣatriyaviśāṃ
śūdrāṇāṃ ca parantapa
karmāṇi pravibhaktāni
svabhāvaprabhavair guṇaiḥ 18-41

śamo damas tapaḥ śaucaṃ
kṣāntir ārjavam eva ca
jñānaṃ vijñānam āstikyaṃ
brahmakarma svabhāvajam 18-42

śauryaṃ tejo dhṛtir dākṣyaṃ
yuddhe cāpy apalāyanam
dānam īśvarabhāvaś ca
kṣātraṃ karma svabhāvajam 18-43

kṛṣigaurakṣyavāṇijyaṃ
vaiśyakarma svabhāvajam
paricaryātmakaṃ karma
śūdrasyāpi svabhāvajam 18-44

sve sve karmaṇy abhirataḥ
saṃsiddhiṃ labhate naraḥ
svakarmanirataḥ siddhiṃ
yathā vindati tac chṛṇu 18-45

yataḥ pravṛttir bhūtānāṃ
yena sarvam idaṃ tatam
svakarmaṇā tam abhyarcya
siddhiṃ vindati mānavaḥ 18-46

śreyān svadharmo viguṇaḥ
paradharmāt svanuṣṭhitāt
svabhāvaniyataṃ karma
kurvan nāpnoti kilbiṣam 18-47

sahajaṃ karma kaunteya
sadoṣam api na tyajet
sarvārambhā hi doṣeṇa
dhūmenāgnir ivāvṛtāḥ 18-48

asaktabuddhiḥ sarvatra
jitātmā vigataspṛhaḥ
naiṣkarmyasiddhiṃ paramāṃ
saṃnyāsenādhigacchati 18-49

siddhiṃ prāpto yathā brahma
tathāpnoti nibodha me
samāsenaiva kaunteya
niṣṭhā jñānasya yā parā 18-50

buddhyā viśuddhayā yukto
dhṛtyātmānaṃ niyamya ca
śabdādīn viṣayāṃs tyaktvā
rāgadveṣau vyudasya ca 18-51

viviktasevī laghvāśī
yatavākkāyamānasaḥ
dhyānayogaparo nityaṃ
vairāgyaṃ samupāśritaḥ 18-52

ahaṅkāraṃ balaṃ darpaṃ
kāmaṃ krodhaṃ parigraham
vimucya nirmamaḥ śānto
brahmabhūyāya kalpate 18-53

brahmabhūtaḥ prasannātmā
na śocati na kāṅkṣati
samaḥ sarveṣu bhūteṣu
madbhaktiṃ labhate parām 18-54

bhaktyā mām abhijānāti
yāvān yaś cāsmi tattvataḥ
tato māṃ tattvato jñātvā
viśate tad anantaram 18-55

sarvakarmāṇy api sadā
kurvāṇo madvyapāśrayaḥ
matprasādād avāpnoti
śāśvataṃ padam avyayam 18-56

cetasā sarvakarmāṇi
mayi saṃnyasya matparaḥ
buddhiyogam upāśritya
maccittaḥ satataṃ bhava 18-57

maccittaḥ sarvadurgāṇi
matprasādāt tariṣyasi
atha cet tvam ahaṅkārān
na śroṣyasi vinaṅkṣyasi 18-58

yad ahaṅkāram āśritya
na yotsya iti manyase
mithyaiṣa vyavasāyas te
prakṛtis tvāṃ niyokṣyati 18-59

svabhāvajena kaunteya
nibaddhaḥ svena karmaṇā
kartuṃ necchasi yan mohāt
kariṣyasy avaśo 'pi tat 18-60

īśvaraḥ sarvabhūtānāṃ
hṛddeśe 'rjuna tiṣṭhati
bhrāmayan sarvabhūtāni
yantrārūḍhāni māyayā 18-61

tam eva śaraṇaṃ gaccha
sarvabhāvena bhārata
tatprasādāt parāṃ śāntiṃ
sthānaṃ prāpsyasi śāśvatam 18-62

iti te jñānam ākhyātaṃ
guhyād guhyataraṃ mayā
vimṛśyaitad aśeṣeṇa
yathecchasi tathā kuru 18-63

sarvaguhyatamaṃ bhūyaḥ
śṛṇu me paramaṃ vacaḥ
iṣṭo 'si me dṛḍham iti
tato vakṣyāmi te hitam 18-64

manmanā bhava madbhakto
madyājī māṃ namaskuru
mām evaiṣyasi satyaṃ te
pratijāne priyo 'si me 18-65

sarvadharmān parityajya
mām ekaṃ śaraṇaṃ vraja
ahaṃ tvā sarvapāpebhyo
mokṣayiṣyāmi mā śucaḥ 18-66

idaṃ te nātapaskāya
nābhaktāya kadācana
na cāśuśrūṣave vācyaṃ
na ca māṃ yo 'bhyasūyati 18-67

ya idaṃ paramaṃ guhyaṃ
madbhakteṣv abhidhāsyati
bhaktiṃ mayi parāṃ kṛtvā
mām evaiṣyaty asaṃśayaḥ 18-68

na ca tasmān manuṣyeṣu
kaścin me priyakṛttamaḥ
bhavitā na ca me tasmād
anyaḥ priyataro bhuvi 18-69

adhyeṣyate ca ya imaṃ
dharmyaṃ saṃvādam āvayoḥ
jñānayajñena tenāham
iṣṭaḥ syām iti me matiḥ 18-70

śraddhāvān anasūyaś ca
śṛṇuyād api yo naraḥ
so 'pi muktaḥ śubhān lokān
prāpnuyāt puṇyakarmaṇām 18-71

kaccid etac chrutaṃ pārtha
tvayaikāgreṇa cetasā
kaccid ajñānasaṃmohaḥ
pranaṣṭas te dhanañjaya 18-72

arjuna uvāca
naṣṭo mohaḥ smṛtir labdhā
tvatprasādān mayācyuta
sthito 'smi gatasandehaḥ
kariṣye vacanaṃ tava 18-73

sañjaya uvāca
ity ahaṃ vāsudevasya
pārthasya ca mahātmanaḥ
saṃvādam imam aśrauṣam
adbhutaṃ romaharṣaṇam 18-74

vyāsaprasādāc chrutavān
etad guhyam ahaṃ param
yogaṃ yogeśvarāt kṛṣṇāt
sākṣāt kathayataḥ svayam 18-75

rājan saṃsmṛtya saṃsmṛtya
saṃvādam imam adbhutam
keśavārjunayoḥ puṇyaṃ
hṛṣyāmi ca muhur muhuḥ 18-76

tac ca saṃsmṛtya saṃsmṛtya
rūpam atyadbhutaṃ hareḥ
vismayo me mahān rājan
hṛṣyāmi ca punaḥ punaḥ 18-77

yatra yogeśvaraḥ kṛṣṇo
yatra pārtho dhanurdharaḥ
tatra śrīr vijayo bhūtir
dhruvā nītir matir mama 18-78

---

oṃ tat sad iti śrīmad bhagavadgītāsu upaniṣatsu
brahmavidyāyāṃ yogaśāstre śrī-kṛṣṇārjuna-saṃvāde
mokṣa-saṃnyāsa-yogo nāma aṣṭādaśo 'dhyāyaḥ ||

---

9 789357 378314

Printed at Repro India Ltd.